AF471375

Zhang Xin:
El Regreso a China

Zhang Xin: El Regreso a China

by

Ingrid Li

Jorge Pinto Books Inc.
Nueva York

Zhang Xin: El Regreso a China

Zhang Xin: El Regreso a China
constituye el tercer volumen de la Colección *Biografías de Carreras* en español.

Traducción al español: Marta Merajver.

Edición: Andrea Montejo.

Diseño de la portada: Nigel Holmes, www.nigelholmes.com .

Composición tipográfica: Cox-King Multimedia, www.ckmm.com .

ISBN10: 0-9774724-7-7
ISBN13: 978-0-9774724-7-5

Índice

A Zane

Del lado oscuro de la luna

Agradecimientos

Nor law nor duty bade me fight,
Nor public men, nor cheering crowds:
A lonely impulse of delight
Drove to this tumult in the clouds.

—W. B. Yeats*

NINGUNA EMPRESA sería posible sin inspiración y perseverancia, y este proyecto no constituye una excepción a la regla. Deseo expresar mi agradecimiento a Jorge Pinto, Director General de Jorge Pinto Books Inc., por su entusiasmo acerca del tema de este libro, su confianza en mi labor, y la amistad y el sentido del humor con los que acompañó el proyecto. Por sobre todo, su consejo en temas de redacción y su evaluación crítica resultaron indispensables para que el texto tomara forma

Mientras llevaba a cabo el trabajo de investigación sobre los antecedentes profesionales de Zhang Xin, mantuve entrevistas y correspondencia con quien fuera su consejero académico en Oxford, sus amigos ingleses, sus colegas de SOHO China y sus contemporáneos de Nueva York. Les estoy sumamente agradecida por compartir conmigo sus impresiones y puntos de vista, especialmente a Peter Holmes, Chunlei Wang, Jorge Mariscal y Deyan Sudjic. Muchísimas gracias también a Mimi Pagsibigan,

---

* *No fue la ley ni el deber lo que me impulsó a la lucha/ni los políticos ni el aplauso de las multitudes/El impulso de un deleite solitario/me trajo a este tumulto entre las nubes.* Fragmento de un poema de Yeats intitulado "An Irish Airman Foresees his Death", y escrito en honor del Mayor Robert Gregory, fallecido en combate en 1918 e hijo de Lady Augusta Gregory, amiga del autor. [N. de la T.]

de Jorge Pinto Books, cuya ayuda editorial y evaluación crítica fueron invalorables.

He recibido asimismo el generoso apoyo de mis grandes amigos, quienes leyeron los borradores, aportaron sus comentarios enriquecedores, me proporcionaron respuestas que me llevaron a nuevas reflexiones, y que nunca retacearon su tiempo ni energía para conversar el tema conmigo. Quiero agradecer muy particularmente a Idara Hippolyte, Annette Fung, Jesse Sestito, John Minty, Tom Donovan, Ming Mimidis, Alan Buckland, Irina Bogatcheva, Ee Lin See y Sharon Rutger por su constante estímulo en momentos difíciles.

Por último, aunque no por ello menos importante, me siento profundamente agradecida a mi madre, Hongxia Liu, y a mi padre, Deyu Li, por el afecto, aliento, y percepción intuitiva con los que me acompañaron durante el proceso de escritura.

Introducción

El 11 de enero de 2005, Klaus Schwab, Director Ejecutivo del Foro Mundial Económico, dio a conocer los nombres de los primeros 237 jóvenes brillantes que habían sido seleccionados para integrar el Foro Global de Jóvenes Líderes, cuyo propósito consiste en reunir empresarios, pensadores y activistas a fin de abordar diversas problemáticas de índole social, ambiental y tecnológico. Entre estos Jóvenes Líderes Globales se destacan nombres ilustres como el de Sergey Brin, co-fundador de Google, y Stelios Haji-Ioannou, presidente de easyGroup, uno de los mayores transportistas aéreos de bajo costo en Europa. Entre los 49 Jóvenes Líderes asiáticos elegidos figura Zhang Xin, co-fundadora y co-directora general de SOHO China, una de las empresas inmobiliarias más progresistas y creativas del país.

Para Zhang, ha sido un largo viaje que se inició en una aldea rural, hundida en la pobreza que asolaba a la provincia china de Henan, donde transcurrió parte de su infancia. Zhang, la fuerza creadora que impulsa a SOHO China, desarrolla a gran escala proyectos inmobiliarios vanguardistas que moldean el panorama arquitectónico contemporáneo de su tierra. Entre sus desarrollos señeros se encuentran el diseño de avanzada de SOHO New Town, la muy elogiada Comuna que se yergue junto a la Gran Muralla, los contornos minimalistas de Jianwai SOHO, y el Bao Canal Village de la isla de Hainan.

SOHO China se vio catapultado a la fama en 2002, cuando La Comuna, próxima a la Gran Muralla, obtuvo un premio en la prestigiosa Bienal de Venecia (*la Biennale di Venezia*)*, certamen bianual inaugurado en 1895, y considerado el foro más

* En italiano en el original.

importante de la crítica mundial en el campo de las artes visuales contemporáneas. La importancia de la Bienal en el mundo del arte es equiparable a la del Festival de Cannes respecto de a la cinematografía y a la de los Juegos Olímpicos en el deporte. En los últimos años, la Bienal ha ofrecido a individuos y países la oportunidad de presentar exhibiciones de arquitectura y diseño contemporáneos; sin embargo, hasta comienzos del nuevo milenio, el Asia del Pacífico contaba con muy escasa representación. Zhang Xin hizo historia al convertirse en la primera ciudadana china acreedora al premio León de Plata, que le fuera otorgado por su "audaz iniciativa personal" en "la transformación de la óptica de la arquitectura china contemporánea, y de la China misma a los ojos del resto del mundo", según lo manifestara Deyan Sudjic, quien presidió la muestra en 2002.

Fue precisamente la mentada "iniciativa personal" lo que despertó nuestro interés en Zhang Xin. A los 40 años, posee títulos otorgados por las Universidades inglesas de Sussex y Cambridge, y se ha desempeñado profesionalmente como banquera en el área de inversiones de la destacada firma Goldman Sachs de Nueva York y del Travelers Group de Hong Kong. Al mismo tiempo que llevaba adelante los aspectos creativos de SOHO China, crió dos hijos con su esposo y socio Pan Shiyi, pero su historia de ningún modo se reduce al clásico 'de los harapos a la riqueza'.

En un sentido amplio, Zhang representa la nueva generación de empresarios chinos, nacidos y criados en el país, pero educados en prestigiosas universidades de Occidente, y formados en materia de negocios y gestión empresaria en compañías europeas y estadounidenses de primer nivel antes de regresar a su patria. Son a la vez hijos y agentes de la revolución económica china. Miran hacia el futuro, tienen plena confianza en sí mismos, y poseen inteligencia para los negocios. Al igual que sus pares occidentales, saben calcular los riesgos que asumen, y los impulsan motivaciones poderosas. Más importante aún, se han convertido en los nuevos dínamos que mueven la economía china.

Una rápida mirada a las características de esta generación revela que aquellos que se trasladaron a Occidente en busca de mejores oportunidades durante la década de los ochenta son la crème de la crème. Compitieron con los mejores y más brillantes elementos del mundo académico, y luego fueron seducidos por Wall Street y las empresas industriales de mayor éxito. Sin embargo, pronto tropezaron con un obstáculo común a la mayoría de los inmigrantes que trepan la escalera corporativa de los Estados Unidos: las diferencias culturales y la política empresaria. No tardan demasiado en darse cuenta de que la vida en Occidente no es un lecho de rosas y con frecuencia, en algún momento de su ascenso se dan de cabeza contra un techo invisible.

Al igual que muchos de sus contemporáneos, Zhang creció en la China de la épica Revolución Cultural. Su exilio a los centros de "re-educación", ubicados en el campo, contribuyó a endurecer su sentido de la motivación. Pero a diferencia de muchos de sus contemporáneos que abandonaron el país durante el éxodo masivo de estudiantes que se produjo en la década de los ochenta, ella mantuvo sólidos lazos culturales y familiares con su patria. A principios de los noventa, junto con el sostenido avance de la posición de China en el escenario mundial, Zhang comenzó a sentir un deseo irrefrenable de tomar parte en ello. Si bien se ganaba pasablemente la vida en Wall Street sin haber llegado a puestos altos, su desilusión iba en aumento. Ansiaba más. Deseaba con toda el alma marcar una diferencia.

El destino le brindó una oportunidad cuando conoció a Pan Shiyi, quien había logrado gran éxito con sus negocios inmobiliarios. La pareja hizo buenas migas desde el comienzo, y en 1995 Zhang dejó su empleo en Wall Street para casarse con Pan y fundar juntos una compañía inmobiliaria a la que llamaron Redstone, para luego rebautizarla con el nombre de SOHO China en 2002. Desde entonces, Zhang ha sido la piedra angular en la búsqueda tenaz de un diseño innovador y de un estilo urbano moderno que ha contribuido a modificar la actitud de sus compatriotas hacia la vivienda urbana. En

2004 obtuvo el Mont Blanc Arts Patronage Award, que le fue otorgado en reconocimiento a sus esfuerzos por promover el desarrollo de la arquitectura contemporánea en Asia. Según el discurso entusiasta de *Business Week*, SOHO China no sólo es una de las empresas constructoras "con mayor actividad", sino también una de las "más admiradas por la arquitectura atractiva e innovadora de sus edificios".[1]

Tom Wolfe, en su bestseller *Todo un hombre*, lleva a cabo una perspicaz descripción de un empresario inmobiliario; una persona "que se diferencia de un CEO de la industria y de un banquero especializado en inversiones. No; si no posee la sensación de ser invencible y el aura, el aura de una confianza mágica a prueba de bombas, no posee nada en absoluto". Zhang, al timón de SOHO China, ciertamente lo tiene todo.

Su rasgo sobresaliente consiste en su extraordinaria visibilidad personal. No hace mucho, Zhang y Pan fueron objeto de una nota en dos publicaciones: *Asian Wall Street Journal* y *Time Asia*. "Abrieron su vida a los medios de un modo al que pocos hombres de negocios y empresarios chinos se habían mostrado dispuestos a acceder hasta poco tiempo atrás", declara Michael Alan Hamlin, director de TeamAsia, una empresa dedicada a comunicaciones y estrategias en comercialización. Durante el proceso de construcción de su imperio comercial, Zhang llegó a convertirse en una celebridad. En cierto modo, es posible que haya sacado provecho de una página del libro de estrategias de Donald Trump, puesto que ha incorporado sagazmente su marca personal a las tácticas comerciales de SOHO China, en parte para impulsar la exposición mediática que le permite promocionar sus proyectos.

En 1999, Mort Zuckerman, editor en jefe de *U.S. News & World Report*, y exitoso empresario inmobiliario, hizo un famoso comentario sobre el boom económico de los Estados Unidos: "Los buenos tiempos de otrora son los de hoy"[2]. Pasados seis años de la ocurrente frase, es posible que las mismas palabras constituyan la mejor descripción de los cambios trascendentales que China atraviesa en nuestros días, incluyendo su prosperidad económica. *The Economist*, tradicionalmente cauto en sus apreciaciones, ha lanzado un llamado entusiasta a "reconocer el profundo y extendido impacto de China sobre la economía mundial"[3]. El fervor empresarial de la China actual recuerda el capitalismo implacable de la Revolución Industrial estadounidense, cuando hombres como Henry Ford, John D. Rockefeller, y Andrew Carnegie amasaron enormes fortunas navegando sobre la cresta de una economía sujeta a cambios constantes. En esta época, los empresarios y gerentes de alto rango que manejan compañías industriales de primer nivel con operaciones en China —todos ellos educados en Occidente y poseedores de la mentalidad típica de Wall Street— se encuentran a la vanguardia de "la gran marcha" de hoy. La transformación de China ya está ocurriendo, y la nueva generación de la elite comercial proyecta una imagen tan internacional cuanto sofisticada ante una sociedad que rápida y confiadamente llega a su mayoría de edad.

La publicidad al respecto no miente. Zhang ha hecho una buena carrera.

Movida por mi enorme interés en su meteórico ascenso a la fama, comencé mi investigación sobre su éxito y sus antecedentes profesionales. Jorge Pinto, propietario de Pinto Books Inc., con su firme convicción en el poder de los libros, el intercambio a nivel intelectual, y su ávido interés en las vidas de líderes del área de los negocios, brindó su apoyo incondicional al proyecto desde el primer momento. Durante el tiempo que dediqué a construir el perfil profesional de Zhang Xin en Nueva York, no sólo realicé una búsqueda exhaustiva dentro de la información proporcionada por los medios, sino que también exploré la vida privada y profesional de sus contemporáneos, tanto chinos como de otras nacionalidades. Así descubrí cosas más que interesantes.

De no haber sido por su ambición y capacidad para los negocios, Zhang bien podría haber terminado en una oscura oficina de Wall Street. Su criterio, muy alejado del estilo de vida imperante allí, se ve claramente reflejado en las actitudes de sus coetáneos. Sin embargo, lo que la distingue de ellos es su empuje para marcar una diferencia, la conciencia de sus puntos fuertes y aptitudes y sobre todo, su perspectiva internacional y la visión infalible que la llevó a darse cuenta de que su patria había alcanzado la madurez. En sus propias y sencillas palabras, "mi tarea consiste en la revitalización cultural de las calles de Beijing"[4].

Por consiguiente, Zhang se convirtió en la favorita de los medios. Las publicaciones económicas de mayor peso en el mundo, tales como *Business Week*, *Financial Times*, *Fortune*, y la venerable *The New Yorker* le han dedicado artículos. Aún así, resulta imposible pasar por alto la dicotomía entre el alto perfil que ostenta en la prensa occidental y su baja visibilidad en la comunidad profesional china, inclusive entre aquellos que abandonaron el país durante el éxodo masivo de estudiantes producido en la década de los ochenta y principios de los noventa, para encaminarse hacia Wall Street u otras empresas profesionales. Este descubrimiento me impulsó a buscar más información acerca del sentir de estos profesionales chinos, ya se tratara o no de repatriados. Los caminos académicos y profesionales de Zhang compendian las luchas y la redención de una generación que creció a la sombra de la tumultuosa Revolución Cultural, pero que adoptó a Occidente —preferentemente a los Estados Unidos de Norteamérica— como su hogar para desarrollar su vida profesional. Este libro da cuenta de los matices de las transformaciones sufridas por esta generación, que de estudiantes idealistas pasaron a ser entusiastas del capitalismo, si bien un estudio antropológico en profundidad excede los alcances de la propuesta.

Montaigne, escritor francés renacentista, lo expresó bellamente en el siglo XVI: "La gran obra maestra de la humanidad, la más gloriosa, es tener un propósito en la vida". Es nuestra esperanza que la profundidad y sofisticación de los logros alcanzados por Zhang inspiren a los empresarios en ciernes y a quienes aspiran a conducir empresas, y que esta historia sirva para que quienes se interesan en comprender a la elite china de los negocios puedan ver el proceso de cerca.

Citando a John Ridding, director y editor del *Financial Times Asia*, el recorrido de Zhang "dice mucho acerca de la transformación china así como del ritmo y la escala de los cambios que se van produciendo"[5]. El esbozo de su carácter representa un ejemplo perfecto de la camada de "jóvenes ejecutivos" que está tomando a su cargo la cultura empresaria de China bajo su sello personal.

Comenzamos relatando la niñez de Zhang en su patria, transcurrida en la indigencia, su adolescencia trabajando sin descanso en fábricas de Hong Kong donde se explota cruelmente al obrero, y los años estimulantes que vivió como alumna de las Universidades de Sussex y Cambridge en el Reino Unido, donde adquirió una visión más equilibrada del capitalismo y la economía de mercado. Luego relatamos con particular atención su desempeño profesional, desde sus experiencias en Wall Street trabajando para la firmas Goldman Sachs de Nueva York y Travelers Group de Hong Kong, hasta su co-fundación de SOHO China, su filosofía empresaria, y su influencia sobre la arquitectura urbana moderna que venía a anunciar un nuevo estilo de vida en China.

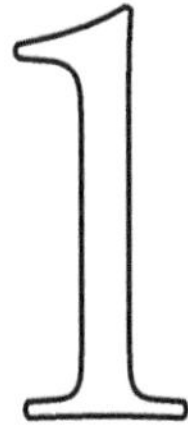

Crecer a la sombra de la Revolución Cultural

Mientras hay vida, hay esperanza

—Proverbio chino

Así ES COMO Zhang resume su historia familiar: "Mis padres fueron intelectuales cuyas carreras, al igual que las de muchas otras personas, se vieron desbaratadas por la Revolución Cultural. Caímos en la típica trampa de la pobreza, pero yo sabía que iba a encontrar una salida"[6].

Encontrar el camino que la sacara de la pobreza es el signo predominante del éxito alcanzado por Zhang. Nacida en Beijing en 1965 en el seno de una familia cuyos miembros provenían de Burma y China, Zhang Xin transcurrió su niñez en lo que podría describirse como el microcosmos de la convulsión que sacudió a la China moderna. En algún momento, sus padres administraron una tienda de repostería en Burma. Al igual que ocurría con los judíos de Europa Central hasta el Holocausto, en el sudeste de Asia la etnia china era a la vez exitosa y estigmatizada. Para decirlo de otro modo, eran los eternos "extranjeros". En la década de los cincuenta, cuando se desató la violencia anti-china, los padres de Zhang regresaron a China y obtuvieron empleo como traductores en un organismo gubernamental denominado el Departamento de Lenguas Extranjeras. De acuerdo con los estándares de la China comunista, llevaban una vida cómoda con acceso a la cultura.

Zhang creció durante el período conocido bajo el nombre de Revolución Cultural, una campaña política que se extendió a lo largo de diez años (1966-1976) lanzada por Mao Zedong, presidente del Partido Comunista, a fin de desparramar el descontento y asegurar la doctrina maoísta —o el pensamiento Marxista-Leninista de Mao Zedong, pues éste fue el nombre que recibió en China. A principios de los sesenta, las relaciones entre China y los Estados Unidos eran francamente hostiles. A medida que se exacerbaban las tensiones ideológicas con la Unión Soviética y la economía interna se aproximaba al borde del colapso luego del desastroso Gran Salto Adelante (1958-1961), el régimen comunista del país se encontraba en crisis. La maniobra del Gran Salto, considerada por los historiadores uno entre tantos experimentos político-económicos de Mao, estaba claramente dirigida a industrializar el país de un solo golpe.

En su libro *Calamity and Reform in China: State, Rural Society and Institutional Change Since the Great Leap Famine*, Dali Yang, profesor y presidente del Departamento de Ciencias Políticas de la Universidad de Chicago, sostiene que "el sueño utópico se convirtió en una pesadilla a medida que la conducción central fue alejándose paulatinamente de la realidad". Hacia 1865, el poder que Mao ejercía sobre el partido y el país se había debilitado considerablemente. Sin embargo, todavía habría de embarcarse en una masiva estrategia de resurgimiento con el doble propósito de eliminar a la oposición dentro del Partido y asegurar su legado histórico.

El 16 de julio de 1966, cuando Zhang apenas contaba con poco más de un año de edad, Mao organizó la celebración del cruce del río Yang Tse para conmemorar el décimo aniversario de su primera hazaña a nado. Durante la hora que permaneció en las aguas, conversó con los espectadores que se habían reunido a presenciar el evento y, a pedido de una mujer, hizo una demostración práctica del estilo de natación de espaldas. Este hecho histórico constituyó un símbolo espectacular del poder que Mao habría de proyectar en su siguiente movida espectacular: la Gran Revolución Cultural del Proletariado.

Esta también tuvo visos de experimento social: bajo la pátina de una depuración ideológica, se perseguía el objetivo seductor de reavivar el fervor revolucionario que condujo, de manera manifiesta, a la apoteosis de Mao. El resultado fue una movilización masiva de las juventudes urbanas —el movimiento de los Guardias Rojos— para llevar a cabo una purga entre los "simpatizantes del capitalismo" y la ideología burguesa. Mao Zedong se había propuesto moldear una nueva identidad china contra el telón de fondo del atraso económico, la explotación extranjera y la guerra civil. Sin embargo, hubo una rápida escalada hacia lo que *The Economist* tildó de "anarquía fomentada por el Estado"[7], dado que los Guardias Rojos, en su frenético celo revolucionario, se encargaban de aniquilar todo aquello que a su entender, no se alineaba con el maoísmo. Era inevitable que se escindieran en feroces facciones rivales, y que cada una de ellas pretendiera erigirse en la legítima representante del pensamiento maoísta. Este movimiento pronto degeneró en caos y parálisis, lo cual a su vez produjo rupturas entre miembros de una misma familia e inclusive causó muertes.

Para Zhang, esta penosa experiencia infantil se inició al mismo tiempo que la espiral del inexorable descenso de la Revolución Cultural, instaurada en 1966. Rápidamente adquirió vida propia, y la nación entera se vio envuelta en ella. Los padres de Zhang no fueron la excepción. Aunque eran empleados en la misma "unidad de trabajo" —el Departamento de Lenguas Extrajeras—, adhirieron a facciones enfrentadas. Pronto las diferencias ideológicas se tradujeron en insultos y violencia doméstica. Cuando Zhang tenía apenas cinco años, sus padres se separaron y la madre la tomó bajo su protección. Para entonces, la Revolución Cultural estaba al rojo vivo: se cerraron las universidades y los "intelectuales reaccionarios" fueron desterrados al campo, medida integrante de los apasionados intentos de Mao para liberar a China de los "cuatro viejos" —las viejas costumbres, los viejos hábitos, las viejas ideas, y las viejas creencias— que, según sus convicciones, eran responsables de la debilitación de China.

La madre de Zhang, al igual que muchas mujeres de su generación, fue enviada a un campo militar situado en la provincia rural de Henan, cuyo nombre significa literalmente "al sur del río Amarillo" y, según el folklore local, es la cuna de la civilización china.

Allí comenzó la historia oficial de China, con el ascenso al trono de la dinastía Zhou en el siglo XI, siendo ésta la primera familia real que llevó constancia escrita de los acontecimientos. Pero cuando en el siglo siguiente fue reemplazada por la dinastía Jin, Henan ya había comenzado su decadencia ininterrumpida, y el centro económico y cultural del vasto reino medio se había desplazado hacia la región del delta del río Yang Tse, que comprendía el sur de la actual Jiangsu, el norte de Zhejiang, y Shangai. En la China Comunista, Henan era conocida por albergar la primera Comuna Popular, fundada a principios de 1958 y preanunciando el Gran Salto Adelante que representaba la guerra emprendida por Mao contra la naturaleza, en su precipitada búsqueda del socialismo. La Comuna Popular se convirtió en el instrumento que permitió que Mao transformara las áreas rurales en zonas industriales. Cuando este experimento fracasó de la peor manera, Henan lo sufrió con varios millones de muertos a consecuencia de la hambruna generalizada[8].

La vida de Zhang y su madre en una comuna pauperizada de Henan tenía un cierto parecido con las conmovedoras realizaciones cinematográficas *To Live*, de Zhang Yimou, y *Balzac and the Little Chinese Seamstress*, de Dai Sijie, dos películas de época muy aclamadas que tratan de los aspectos emocionales de la Revolución Cultural y sus ramificaciones. La primera escenifica las profundas cicatrices que la política china dejó en el ciudadano común, utilizado como peón de ajedrez por la campaña revolucionaria de Mao, y muestra que la ideología no cumple una función curativa frente a la angustia del individuo. La segunda, basada en la novela homónima del director, retrata a dos jóvenes, cuyos respectivos padres son profesionales urbanos, viviendo en el exilio rural para ser reeducados bajo los principios maoístas. A diferencia de lo que ocurre en *To Live*, *Balzac and the Little Chinese Seamstress* muestra muy poca amargura en el marco de la reconstrucción de la Revolución Cultural, poniendo el acento en una edificante capacidad de adaptación impregnada por el amor a la juventud, la belleza, y la literatura.

El traslado de Zhang Xin a Henan hizo eco al proverbio de que la vida imita al arte. Alejada de los privilegios ofrecidos por la comodidad y cultura de Beijing, ella y su madre llevaron una vida de obreros itinerantes, con escaso alimento y falta de artículos de primera necesidad: papel higiénico, por ejemplo. A menudo, Zhang tenía que quedarse en casas de parientes o de gente amiga para que su madre pudiera ir a trabajar, pero pasado el tiempo, conserva un recuerdo agridulce de la felicidad que le deparaban sus juegos con animales de corral y sus incursiones por las montañas. Atribuye en parte la decisión que tomó en 2001 de construir La Comuna —una residencia campestre junto a la Muralla China— a su forzado exilio en la campiña de Henan. Estaba convencida de que la vida sencilla del campo sería del agrado de las sofisticadas elites urbanas de su tierra.

En medio de una escolaridad errática, que la hacía pasar de escuela en escuela, fue transferida no menos de siete veces durante los dos años que duró su exilio. Sin embargo, el espíritu independiente de su madre y la lucha que presentó hicieron una profunda impresión en su joven mente. Como la heroína de *To Live*, sentía el punzante aguijón de la pobreza, pero soportó la adversidad mientras esperaba el momento en el cual su vida tomaría un giro más propicio.

El año 1972 trajo un destello de esperanza cuando a su madre se le permitió retornar a Beijing. Para entonces, la depresión económica había llegado a un punto tal que al gobierno no le quedó otro remedio que abocarse al control de los daños, con la esperanza de recobrar la estabilidad. Zhang y su madre continuaron esforzándose mientras la Revolución Cultural llegaba a su fin y Deng Xiaopin asumía el poder, trayendo con él sus ideas reformistas. En 1979, Deng hizo una histórica visita a los Estados Unidos para reunirse con el Presidente Carter, poco después de que se oficializara el establecimiento de las relaciones diplomáticas entre ambos países. Ello se tradujo en el comienzo de una nueva era de "puertas abiertas" para la China moderna.

Mientras tanto, la madre de Zhang regresó al Departamento de Lenguas Extranjeras, donde poco a poco se normalizaban las actividades. A menudo, al salir de la escuela, Zhang pasaba allí su tiempo. Veía a los extranjeros en las distintas oficinas; había individuos pálidos y otros de tez oscura, pero todos ellos hablaban lenguas foráneas. Recuerda que, a veces, se colaba a hurtadillas para ver películas extranjeras que se exhibían en el lugar. Si bien no llegaba a comprenderlas por entero, la exposición temprana a otras culturas despertó en ella la curiosidad por conocerlas, y fue empapándose de las ideas que provenían de la vida en el exterior. Lo más importante de este período fue el destacado papel que este temprano encuentro con otros idiomas y otras culturas desempeñó en el desarrollo progresivo de una estética que la llevó más tarde a elegir un grupo ecléctico de arquitectos de diversas partes del mundo para concretar sus proyectos.

Pronto la oportunidad llamó a su puerta bajo la forma de la autorización para que los chinos nacidos en otros países pudieran emigrar. En 1980, desilusionada de la experiencia en el país y con miras a buscar mejores oportunidades socioeconómicas, la madre de Zhang decidió trasladar la familia a Hong Kong, por entonces colonia británica[9] y ventana económica y cultural de la China continental al mundo.

Al estar separada de China por su particular geografía, Hong Kong era el hogar de los refugiados y sus hijos, la mayoría originarios de la provincia de Cantón. Los británicos construyeron un marco de libertad de prensa y un sistema jurídico, junto con el ideal de la economía de mercado libre. Antes de que el Partido Comunista de Mao llegara al poder en China en 1949, Hong Kong cumplía la importante función económica de servir como centro comercial de China. Hacia los años setenta, ello había cesado casi por completo. Hong Kong se había convertido en un próspero enclave industrial, cuyo sostén principal —los productos textiles— salían a raudales de una mano de obra hambreada, junto con juguetes, relojes, playeras, flores de plástico y chinelas para ser exportados a Europa[10]. Mediante las reformas económicas implementadas por Den Xiaoping, China continental comenzó a surgir como una fuente inagotable de productos industriales gracias a la abundancia de sus obreros y a los bajos jornales. Como era de esperarse, la ventaja competitiva que presentaba China hizo que Hong Kong virara hacia la actividad financiera. A fines de los ochenta, Hong Kong había desarrollado su capacidad de prominente centro financiero y se había ganado el apodo de "Tigre", convirtiéndose en una de las cuatro economías asiáticas de crecimiento más veloz.

A los catorce años, Zhang se encontraba en el "Puerto Fragante" —traducción literal de Hong Kong en chino— mirando boquiabierta los rascacielos que allí se erigían. Estaba deslumbrada por los "edificios gigantescos" e hipnotizada por la buena y excitante vida que prometían. Sin embargo, el hogar que compartía con su madre distaba mucho de tales encantos y para peor de males, ellas hablaban mandarín, lo cual era fuente de incomodidad en la sociedad cantonesa de Hong Kong. Sin dinero, tratadas como ciudadanas de segunda clase por los nativos, vivían en una pocilga. No tardaron mucho en darse cuenta de que debían volver a comenzar desde el principio.

Durante los años siguientes, Zhang trabajó duramente, cosiendo indumentaria y calzado en fábricas cuyas condiciones de higiene dejaban mucho que desear. Ansiosa por aumentar sus ingresos, pasó a ensamblar aparatos electrónicos, tarea en la que a veces llegaba a cumplir turnos de dieciséis horas. En Beijing, el estereotipo cantonés de Hong Kong estaba dado por la masa de comerciantes crasos que devoraban todo lo que se moviera sobre patas, volara, o nadara. Aún así, eran admirados por su talento para hacer dinero. Pronto, Zhang se sintió consternada al darse cuenta de que para progresar en su línea de trabajo lo importante no era poseer un buen cerebro, sino manos ágiles.

Tomó la determinación de alejarse de la explotación de las fábricas. Lo que ansiaba era un trabajo de oficina. Entonces se inscribió en un curso de contabilidad dictado por una escuela nocturna, y rápidamente llegó a obtener un puesto administrativo en un depósito de mercancías. No obstante, la naturaleza monótona de su trabajo le despertaba el anhelo del estímulo intelectual. Llegó a la conclusión de que la emigración habría de proporcionarle las oportunidades que deseaba.

Vida de estudiante en el Reino Unido

I will not cease from mental fight,
Nor shall my sword sleep in my hand
Till we have built Jerusalem
*In England's green and pleasant land.**

—William Blake

EVOCANDO LOS AÑOS vividos en la Universidad de Sussex en Inglaterra, Zhang comenta: "La experiencia universitaria ejerce una influencia muy fuerte sobre cualquier estudiante, puesto que le enseña el valor de la vida. Gran parte de mi comprensión de la cultura británica y europea proviene del tiempo que pasé en Sussex, y es por ello que le estoy tan agradecida a la universidad"[11].

* *No cesaré en mi lucha intelectual/ni quedará ociosa la espada en mi mano/ hasta que hayamos construído Jerusalem/en la verde y graciosa Inglaterra.* Ultima estrofa del poema *Jerusalem* [N. de la T.]

El año 1985 marcó un punto de inflexión en la vida de Zhang. El dinero que había ahorrado le permitió abandonar Hong Kong con destino al Reino Unido para acceder a la educación superior. Pero antes de inscribirse en la Facultad de Estudios Asiáticos y Africanos de la Universidad de Sussex en 1987, Zhang dedicó tiempo a aprender inglés.

En el número correspondiente al invierno de 2005, Alasdair Smith, vice-rector de la Universidad de Sussex, que publicaba la revista *Falmer*, escribió que una reciente clasificación mundial de universidades compilada por el Suplemento de Altos Estudios del *Times*, ubicaba a Sussex entre las diez mejores universidades del Reino Unido, entre las veinte mejores de Europa, y entre las sesenta mejores del mundo. Esta última evaluación se basa en criterios que incluyen menciones, selección de estudiantes provenientes del ámbito internacional, proporción entre número de alumnos y personal docente, y opinión de pares. La Universidad es también la sede del Instituto de Estudios para el Desarrollo (IDS), una organización líder a nivel mundial en temas de investigación, enseñanza y comunicaciones relacionadas con el desarrollo internacional. Fue fundado y dirigido por Dudley Seers, un ex alumno del programa de Economía de la Universidad de Cambridge, donde Zhang también obtuvo una Maestría en Filosofía en 1992. IDS se propone como objetivo principal el comprender y explicar el mundo, así como tratar de cambiarlo. Dicho de otro modo, pretende informar tanto como ejercer su influencia. Goza de reputación internacional por el rigor intelectual con el que aplica los conocimientos académicos a los desafíos que presentan las políticas propias del mundo real. El Dr. Gordon White, politólogo y académico chino, integró el cuerpo de profesores de IDS, y fue el asesor académico de Zhang durante sus estudios de grado.

Al margen de su excelencia académica, Sussex nunca dejó de mantener un fuerte perfil internacional. Zhang recuerda con afecto que "era un privilegio gozar de semejante diversidad"[12]. Entre los ex alumnos más brillantes de Sussex se encuentran, entre otros, Thabo Mbeki, presidente de Africa del Sur; David Bull, director ejecutivo del Fondo para la de las Naciones Unidas para la Infancia (UNICEF); Jamie Shea, Director de la Oficina de Relación y Prensa de la OTAN; Gail Rebuck, directora ejecutiva del grupo Random House e Ian McEwan, escritor y ganador del Premio Booker de 1998, uno de los galardones literarios más prestigiosos del mundo que se otorga anualmente a la mejor novela extensa escrita en lengua inglesa por un ciudadano/a del Commonwealth o de la República de Irlanda.

Sussex es asimismo famosa por su moderna arquitectura y su política de izquierda. Según un programa acerca de los íconos arquitectónicos, interiores, de moda y de diseño emitido por la BBC en 2003, los edificios del campus combinan facturas clásicas con automóviles mini y la minifalda impuesta por Mary Quant. La arquitectura modernista del campus, obra de Sir Basil Spence, fue alabada como "lo mejor del modernismo: bello y directo". Brian Edwards, historiador de la arquitectura británica, la llama "arquitectura de mal gusto", con mayor influencia de los Rockers que de los Mods, las dos subculturas a las que adherían los jóvenes a principios de los sesenta[13]. Zhang tomó en cuenta algunos de los mitos generados por algunos edificios: por ejemplo, respecto a la 'H' enfrentada al edificio de la Facultad de Humanidades, esas dos altas estructuras ¿representan un diapasón o una antena? La biblioteca, ¿es un libro abierto descansando sobre su lomo? Muchos años después, en el transcurso de una entrevista y con el pensamiento claramente puesto en Sussex, Zhang comenta: "Cada modelo arquitectónico representa la época en la que fue construido"[14].

Zhang también cobró afición a otras artes además de la arquitectura, y comenzó a interesarse por la literatura y la política. El Dr. Peter Holmes, uno de sus asesores estudiantiles en Sussex, revivió vívidamente, durante una reciente entrevista telefónica, que "lo admirable de Zhang es la extraordinaria amplitud de sus intereses". Es innegable que la 'turbulencia' del campus de Sussex se equipara con la radicalidad de su política estudiantil. Yuan Wang, un periodista que también estudió en Sussex, entrevistó a Zhang para la revista de ex alumnos de la universidad. Dice Wang: "La tradición política de Sussex es radical". Una ex alumna que cursó allí sus estudios en la década de los sesenta recuerda que "solíamos presentar mociones condenando regímenes y políticas, como si a alguien le importara lo que pensábamos". Jamie Shea, quien se inscribió en 1974 en los cursos de Historia Moderna y Francés, nos ha dicho que "tenía una reputación algo radical. Antes de mi llegada había sido noticia en los periódicos porque los estudiantes habían arrojado bolsas de harina a unos ministros que estaban de visita. Hubo muchísimas demostraciones en contra de la guerra de Vietnam"[15]. Entre sus primeras impresiones, Zhang manifiesta que "el campus estaba lleno de grupos activistas de izquierda, como uno llamado 'Marxism Today', a cuyos seminarios concurríamos con regularidad". Habiendo experimentado la inestabilidad política y la pobreza denigrante de la China Comunista bajo Mao, y luego de trabajar tan duro en las fábricas esclavistas de Hong Kong, Zhang encuentra que la concepción de estos grupos era "netamente romántica". Su propia postura es menos tajante: "A mí, el comunismo me resultaba bastante más complejo".

La Universidad está situada en Falmer, en las afueras de Brighton, una agradable ciudad costera del sur de Inglaterra. Los famosos South Downs, una cordillera baja que se extiende a través del Condado de Sussex, se encuentra detrás del campus. La fama de la lana proveniente de sus ovejas se remonta al siglo XIII; Zhang narra viejos recuerdos de los tiempos en que montaba en bicicleta o caminaba por las colinas de la zona. "Aún hoy no he olvidado el hermoso campus de la Universidad, rodeado de vacas y ovejas", comenta, agregando, a modo de advertencia para posibles visitantes: "¡Era de lo más común pisar bosta!"

El idílico enclave de Sussex se constituyó en un antídoto para la transformación poco menos que dramática que operó la transición de Zhang de obrera explotada en una fábrica a estudiante universitaria europea. Quizá fue apropiado que se decidiera por la economía, llamada 'la ciencia tétrica'. Sin embargo, esta elección revela más acerca de su deseo de desarrollar su comprensión de los principios fundamentales de la economía de mercado, los cambiantes contextos externos e internos de las organizaciones públicas y privadas, y la capacidad de éstas para asumir un rol de liderazgo en los procesos de desarrollo económico. La Universidad atraía a muchísimos estudiantes europeos, que suelen conformar el 20 por ciento o más del total de la población estudiantil, según palabras de un académico que pasó siete años (1989-1996) en Sussex. Zhang sentía una afinidad natural por las costumbres europeas y no le resultó difícil asimilarse a ellas. Pronto había trabado amistad con estudiantes de Gran Bretaña y de países de Europa Continental, tales como Francia, Alemania, y España. Durante el período de exámenes, residía en la franja costera de Brighton, y relata aquellos días con afecto: "aunque era un invierno helado, mis amigos y yo dábamos largos paseos por la playa". En sus propias palabras, el ecléctico grupo de estudiantes, el extraordinario talento de sus asesores y la euforia reinante en el campus se combinan para aunarse en "los buenos recuerdos de Sussex". Para ella, una de las mejores experiencias se asocia a las clases en grupos pequeños. Rememora que "nunca fuimos más de cinco en nuestro grupo, lo cual permitía que tanto los alumnos como el profesor a cargo trabajáramos estrechamente unidos, a diferencia de lo que ocurre en las grandes universidades, donde la enseñanza se lleva a cabo en grupos numerosos". El Dr. Douglas Gordon White, ya fallecido, y uno de los profesores favoritos de Zhang, se encontraba entre los académicos más destacados por sus conocimientos sobre la China contemporánea. White se ocupaba de las importantes cuestiones políticas que giraban alrededor del desarrollo político y social chino: entre otros temas, la Revolución Cultural, la estratificación social, las relaciones entre el centro y las provincias, la ideología y la mitigación de la pobreza. Existe una anécdota que tal vez proporcione la mejor ilustración de su sentido del humor: en cierta ocasión ejecutó *East Is Red** en ritmo de boogie ante un público atónito, compuesto por soldados chinos del Ejército Popular de Liberación[16]. Hombre de formación renacentista, el Dr. White contribuyó en gran medida a inspirar a Zhang, en virtud de su valor y confianza en su trabajo, su calidez en el trato con los estudiantes y, principalmente, su "actitud positiva hacia la vida" mientras perdía la batalla contra los tumores de columna que lo aquejaban.

Otra de las personalidades que ejercieron gran influencia sobre Zhang fue el Dr. Peter Holmes, educado en Cambridge y, actualmente profesor adjunto de Economía de la Universidad de Sussex. Zhang lo admira por "su carácter excepcionalmente tolerante" a pesar de provenir de "un ambiente académico elitista". Miembro de la Junta Directiva del Instituto Europeo de Sussex, el Dr. Holmes se especializa en la Integración Económica Europea y en otras cuestiones atinentes a las políticas públicas globales, que incluyen las relaciones entre la Unión Europea y la OIT. En tanto el Dr. White actuó a modo de vínculo con China, el Dr. Holmes expandió los horizontes europeos de Zhang. Fascinada por la historia del continente, en particular por el Renacimiento y la Reforma, Zhang se había interesado por el desarrollo económico de Europa. Durante su último año en Sussex, cursó Economía de la Integración, materia dictada por el Dr. Holmes. A partir de entonces se hicieron "muy buenos amigos", según un e-mail reciente enviado por el catedrático.

De no haber sido por los acontecimientos que tuvieron lugar en la Plaza de Tiananmen en 1989, China no se habría colocado en el foco de la conciencia de Zhang. En aquellos momentos, Zhang se encontraba establecida en Sussex, disfrutando del estilo de vida propio de los estudiantes europeos. Se veía con algunos estudiantes chinos, pero no compartía con ellos su obsesión enfermiza por las secuelas de la Revolución Cultural. Sin embargo, la masacre de Tiananmen hizo añicos su ilusión de una vida

* Himno *de facto* de la República Popular China [N. de la T.]

protegida. Hablando acerca de su experiencia, dice: "A partir de los sucesos de la Plaza, muchos de nosotros nos involucramos en manifestaciones masivas, hasta que recibí una carta del vice-rector en la que expresaba sus condolencias por lo ocurrido en mi país, pero nos recordaba nuestro deber de estudiantes, que consistía en concentrarnos en nuestros estudios". A principios de los noventa, los inversores extranjeros seguían con gran atención la entrada de China a su segunda década de reformas, cuando todavía faltaban más de diez años para que se convirtiera en miembro pleno de la OMC. En Sussex, impulsada por la investigación exhaustiva en la que se había embarcado el Dr. White, Zhang dirigió su mirada a las privatizaciones en China. El Dr. White argumentaba que "existe una estrecha relación entre por una parte, la diferencia que marcan las relaciones de mercado causadas por la reforma económica china y por otra, el surgimiento de nuevas formas de organización social junto con la adaptación de las organizaciones sociales existentes". Desde esta postura, la sociedad civil incluye el sector privado que representa al espíritu empresario, oprimido, pero recientemente liberado.

El comienzo de la última década del siglo XX poseía un aura ostensible de "fin de la historia", según opina Francis Fukuyama en su obra seminal, titulada *The End of History and the Last Man.* La caída del Muro de Berlín en 1989 simbolizó el triunfo del capitalismo liberal tanto en Occidente como en el resto del mundo. En los ochenta, la Primer Ministro británica Margaret Thatcher, quien se mantuvo en el cargo entre 1979 y 1990, adoptó una política económica de privatizaciones y reformas que apuntaban a la economía de oferta, cosechando grandes aplausos por vencer la inflación y estimular el crecimiento[17]. La filosofía político-económica de Thatcher ponía el acento en los mercados libres y la iniciativa empresarial, y es a causa del éxito logrado mediante la venta de las grandes compañías británicas de servicios públicos que las privatizaciones se han convertido en sinónimo de *thatcherismo.* En los Estados Unidos, la *reagonomía* denota políticas económicas similares a las que fueran implementadas en los ochenta por la administración del Presidente Ronald Reagan: impuestos bajos y achicamiento del Estado nacional. No obstante, no hay que pasar por alto que, según lo expresa *The Economist*, Thatcher "desaprobaba [la vertiginosa espiral del comercio y el déficit presupuestario de] la reagonomía, por su impacto sobre el sistema financiero internacional, una de cuyas manifestaciones, y en absoluto la menos importante, fue el dólar en alza".

A pesar de sus ocasionales desavenencias, el thatcherismo y la reagonomía fueron en gran parte forjadores del Consenso de Washington[18] a principios de los noventa. Las políticas resultantes fueron promovidas por la Organización Internacional del Trabajo, el Banco Mundial, y el Fondo Monetario Internacional, todos los cuales se hallaban empeñados en que se implementara la privatización y la economía de mercado en los países en vías de desarrollo. Los partidarios de este sistema ensalzan el Consenso como una prueba del éxito alcanzado por Thatcher en rejuvenecer industrias moribundas bajo el control del Estado al tiempo que mejoraba sustancialmente el balance del gobierno. Sin embargo, sus detractores afirman que al despojar al Estado de sus activos, la privatización y la desregulación sólo ponen ganancias inesperadas en manos de especuladores nativos y extranjeros, "sin tener en cuenta los costos sociales de sus recetas políticas", en palabras de Joseph Stiglitz, Premio Nobel de Economía.

En 1990, cuando Zhang se encontraba finalizando su carrera de grado, el capitalismo global cundía de manera desenfrenada. A ella le fascinaba la idea de la empresa privada, pero se mostraba cauta ante las posibilidades de la privatización en China. Aún así, decidió basar su tesis en dicho tema. A principios de la década, luego de diez años de reformas económicas, la historia de las privatizaciones en China era, en términos optimistas, incierta, y en términos pesimistas, preocupante. Se habían dado grandes pasos como consecuencia de la progresiva retirada del gobierno de la economía 'planificada' de la era socialista, lo cual había permitido la creación de nuevas empresas privadas mediante la privatización y otros rumbos empresarios, pero no se había logrado el mismo éxito en la reforma de las antiguas empresas en manos del Estado (SOEs). En teoría, la privatización contribuye a liberar recursos improductivos encerrados en compañías estatales que arrojan pérdidas, abriendo la posibilidad de que el gobierno utilice los fondos que percibe mediante los contratos para reducir la acumulación de la deuda pública. En la práctica, sin embargo, los despidos masivos y la consiguiente disconformidad de los trabajadores puede llevar a disturbios sociales que a su vez, ponen en peligro las reformas. Dice Zhang: "Yo me sentía muy escéptica. Todo tenía que ver con los problemas derivados de la privatización". Pero esto se tradujo en un estimulante ejercicio intelectual que le resultó de suma utilidad más adelante, al obtener un empleo en la firma Barings, PLC. Zhang recuerda que "Sussex nos brindó la esencia de la educación superior británica". Mejor todavía, la universidad reforzó su convicción de que el futuro la aguardaba en su patria. Inspirada por la tesis que había escrito y ávida de mayor preparación, se dispuso a proseguir sus estudios de Economía en la Universidad de Cambridge.

En tanto la moderna Sussex le había abierto los ojos a las instituciones típicas de las economías occidentales de mercado, la añosa Cambridge le impartió capacitación y destrezas que resultarían fundamentales para su posterior éxito en el mundo de los negocios. El cuerpo de Economía de Cambridge fue fundado por Alfred Marshall en 1903. Su alumno más reputado —John Maynard Keynes— lo llamó "el más grande economista del siglo XIX". Marshall, uno de los grandes sintetizadores de la teoría económica, fue quien escribió un siglo después que Adam Smith que "sin el soporte del capital, propio o ajeno, el trabajador ya habría muerto"[19]. La frase "cabeza fría, corazón caliente" se debe a la originalidad de Marshall; todavía hoy se percibe en Cambridge su influencia en la tradición de la investigación y enseñanza del desarrollo económico. Entre los graduados prominentes de esta escuela se encuentran Sir Hans

Singer, el primer economista empleado por las Naciones Unidas; Amartya Sen, ganador del Premio Nobel y autor de algunas de las obras más influyentes en el campo de la pobreza y las hambrunas de los últimos tiempos, y Dudley Seers, fundador y director del Instituto de Estudios para el Desarrollo (IDS) de la Universidad de Sussex.

Para alguien que venía desde la anglófila Hong Kong, Cambridge significaba el epítome de la vida cultural y académica. Mientras proseguía allí sus estudios, Zhang se mantenía en contacto con el Dr. Holmes en Sussex; él la aconsejaba respecto a cuáles cursos de econometría le convenía elegir. Hace poco, durante una entrevista telefónica, el Dr. Holmes recordaba que Zhang demostraba gran interés por las finanzas cuantitativas y que proyectaba hacer carrera en la banca. Al igual que otros estudiantes de Cambridge, Zhang se hacía tiempo para concurrir a exposiciones en el Museo Fitzwilliam y en Kettle's Yard, y para ver las obras que se daban en el Amateur Dramatic Club (ADC), la sociedad teatral más antigua de Inglaterra. El programa, de un año de duración, fue intenso, pero le permitió absorber todo lo que Cambridge tenía para ofrecer.

En las décadas de los ochenta y los noventa, Cambridge era la Meca de los intelectuales chinos, entre los que se encontraba Fang Lizhi, famoso astrofísico y disidente político chino controvertido, quien a menudo se comparaba con Sakharov, líder del movimiento soviético disidente y Premio Nobel de la Paz, por su defensa de la democracia y de la ciencia moderna en detrimento de los principios de Confucio y Marx que regían en China. A menudo se narra una anécdota[20] acerca de la epifanía de Fang en el transcurso de un servicio religioso en la capilla de King's College. Había asistido a la celebración del Advenimiento de Cristo, realizada por hombres de ciencia del mundo libre, y había caído en la cuenta de que los intelectuales chinos habían pasado por alto la Reforma. Lo que celebraban Leonardo Da Vinci, Miguel Angel, y el coro de King's College de Cambridge era la humanidad bajo la imagen de Cristo. Y sin embargo, precisamente la razón por la cual Fang deseaba adherirse al pensamiento occidental residía en su convicción de que China jamás habría de perder su postura diferente, y que aprender del Occidente no haría sino beneficiarla.

A diferencia de Sussex, Cambridge se enorgullecía de su modalidad anticuada. Las personas con quienes Zhang entablaba conocimiento eran abrumadoramente corteses, pero se mantenían distantes. Si bien en Cambridge la vida social giraba alrededor de sus Colegios autónomos, Zhang se sentía atraída hacia los estudiantes y académicos chinos. En verdad pasaba poco tiempo intercambiando comentarios amables con los profesores en la mesa que estos tenían tradicionalmente asignada, pero lo compensaba con creces conversando con compatriotas en uno de los escasos restaurantes chinos de la ciudad. Entre pastelillos y sorbos de té, las charlas giraban invariablemente alrededor de los últimos desarrollos económicos de China. Más todavía: este tipo de reuniones servía de abono para ideas de oportunidades en su país que Zhang encontraba irresistibles. La asaltaban vehementes deseos de tomar parte en la acción.

Así como Sussex actuó a la manera de un bálsamo sobre la niñez de Zhang, plagada de altibajos, Cambridge, por contraste, le proporcionó el trampolín que la lanzaría a su carrera. Su cargo docente en Cambridge no sólo le dejó una comprensión clara del socialismo liberal europeo —"una exploración metafísica tan diferente de la nuestra", reflexiona— sino también una mejor comprensión de sí misma. De modo no muy distinto de la epifanía laica de Fang, Zhang arribó a la conclusión de que su futuro se encontraba en su tierra natal. Se mostraba ansiosa por incursionar en la actividad bancaria, donde imaginaba que podría utilizar su capacitación económica. Su sentido de la oportunidad no podría haber sido más acertado. Hacia 1992, el mundo había presenciado un interés frenético de los extranjeros por China. Pasmados por la vastedad de una economía emergente con 1,2 billones de consumidores, los inversores se hallaban persuadidos de que China era la mina de oro del provenir. Sin desanimarse por las perspectivas de un país en vías de desarrollo que se esforzaba por construir una contradictoria "economía socialista de mercado", hacían llover billones de dólares en China. Los bancos de inversión, eternos tiburones atentos al olor de la sangre, se disputaban el paso para expandir sus operaciones, extremando sus esfuerzos para reclutar personal. Un graduado de Cambridge recuerda que todos los bancos de inversión con cierto prestigio se lanzaron sobre el campus para alzarse con los talentos e incorporarlos a sus equipos del Asia. La "fiebre china", como la denominó *The Economist*, se había puesto de moda. Barings PLC, por entonces un prominente banco mercantil, estaba particularmente interesado en los conocimientos de Zhang acerca del tema de las privatizaciones. Luego de concurrir a una reunión de reclutamiento y escuchar la descripción que un gerente de Barings hizo del proceso de selección de personal de la industria bancaria, Zhang se sintió ilusionada ante el potencial que representaba regresar a China y concertó una cita para entrevistare con la firma. El aplomo de su presentación y el entusiasmo que mostró por el país cerraron el trato, y Barings le hizo una oferta.

Barings PLC fue fundada en 1762, cuando Francis Baring estableció su negocio en Mincing Lane, en la City de Londres. La originalidad de su pensamiento le permitió apreciar que la financiación del comercio podía ser un modo mucho más seguro de ganar dinero que el comercio en sí. Durante más de un siglo, Barings fue un banco mercantil que se hizo acreedor al nombre del "sexto poder más grande de Europa", después de "Inglaterra, Francia, Prusia, Austria, [y] Rusia"[21]. A fines del siglo XIX, luego de sufrir un ignominioso fracaso en la Argentina —la llamada "crisis Baring"*— tuvo que ser rescatado por un consorcio or-

* El nombre que se le da en inglés es "Deca-Dance", permitiendo la apertura a una multiplicidad de juegos semánticos, y a una homologación fonética con "Decadence", o "decadencia" en español. En esta versión hemos utilizado el nombre con el cual quedó registrada en la historia argentina. [N. de la T.]

ganizado por el Presidente del Banco de Inglaterra. Durante la mayor parte del siglo XX se desempeñó como "un banco muy tradicional, agradable, y confiable"[22], pero en la década de los ochenta la competencia trastocó todo, inclusive los valores de la actividad bancaria, y Barings se encontró en una pendiente resbaladiza. Cuando Zhang se incorporó a la sucursal de Hong Kong en 1992, Barings PLC ya venía sufriendo las dificultades que terminaron llevándolo a la ruina en 1995.

Zhang no podría haber previsto que su viaje de regreso a China iba a tomar un rodeo. No transcurrió mucho tiempo antes de que la unidad a la que había sido asignada fuera absorbida por Goldman Sachs & Co. En el verano de 1993, terminó recalando en Nueva York. Los hechos se precipitaron con velocidad de relámpago, y Zhang se vio arrojada al torbellino de Wall Street.

Lucha en Wall Street

*Ambition is a state of permanent dissatisfaction with the present.**

—Emanuel Derman

PARA ZHANG, el traslado marcó un rito de pasaje desde el "viejo mundo" occidental a las fronteras de las finanzas internacionales ubicadas en el Nuevo Mundo. Para aquel entonces, Zhang había desarrollado una pasión por la diversidad cultural, y la embargaba la emoción de encontrarse en Nueva York, con sus impresionantes rascacielos revistiendo la línea del horizonte; rascacielos que se habían convertido en íconos de la modernidad, así como los magníficos puentes que se extendían sobre los ríos contribuían al romanticismo de la atracción que la ciudad ejercía sobre ella. Era una ciudad glamorosa y deslumbrante, llena de oportunidades. De niña, mientras se desvivía en las

* *La ambición es un estado de permanente insatisfacción con el presente.*

líneas de montaje de Hong Kong, soñaba con vivir en la Gran Manzana. Y ahora se encontraba de pie frente al número 85 de Broad Street, en el bajo Manhattan, frente al edificio de oficinas de Goldman Sachs.

A unos pasos de ahí se erigía la Bolsa de Comercio de Nueva York (NYSE), en el número 20 de Broad Street, esquina Wall Street. En un día corriente, la Bolsa efectuaba transacciones de 1,46 billones de acciones, equivalentes a 46,1 billones de dólares[23]. La venerable firma JPMorgan se encontraba a sólo media cuadra, en el número 60 de Wall Street, antes de concretar la fusión con el Chase Manhattan Bank, luego de lo cual instaló su casa matriz en 1 Chase Manhattan Plaza, en la intersección de las calles Pine y Liberty[24]. Cerca de allí, en el número 33 de la calle Liberty, se alza el Banco de la Reserva Federal de Nueva York, una de las doce sucursales regionales del Banco de la Reserva Federal, presidido en aquel momento por Alan Greenspan. Su afamada bóveda, a cincuenta metros de profundidad, y apoyada sobre el sólido lecho de roca de la isla de Manhattan, guarda billones de dólares en oro[25]. Es parte de las reservas monetarias de gobiernos extranjeros, bancos centrales, y organizaciones oficiales internacionales del resto del mundo.

El edificio de Goldman Sachs no delataba su identidad, puesto que su nombre no figuraba sobre el dintel de la entrada principal. Las primeras impresiones de Zhang ante la prominente firma de Wall Street combinaban una sensación de extrañeza, misterio y quizá intriga. Su inminente lugar de trabajo se encontraba dentro de una torre de veintinueve pisos, de líneas posmodernas, diseñada y construida por Skidmore, Owings, & Merrill (SOM) en 1983. El edificio se destaca por sus esquinas chaflanadas hacia el sur, el muro que da a Stone Street por el norte, siguiendo la curvatura de la calle, y su vestíbulo, igualmente curvado. Merced a una modificación referente al planeamiento vial local, el lugar ha sido declarado monumento histórico.[26] Zhang pensó que el diseño había sido muy bien pensado, pero aún así le parecía un búnker vertical.

Posteriormente, su deslumbramiento iría en aumento al contemplar la celebrada arquitectura de las corporaciones situadas en el centro de Manhattan. SOM, renombrada por su "estilo internacional", y llamada "la provincia especial de los constructores del Estilo Modernista Norteamericano Tardío"[27], también había construido la afamada Lever House en Park Avenue y la Calle 53, con sus torres de cristal contrapuestas. La Torre Sears, cuyos 109 pisos se erigen en Chicago, constituye uno de sus proyectos más importantes; en tiempos más recientes, construyó el Time Warner Center en Columbus Circle, Manhattan. Este edificio captura "la compleja combinación de diagonales, círculos, y reticulados que emanan de la estatua de Cristóbal Colón"[28]. En la actualidad, la firma se encuentra abocada al proyecto del Freedom Tower, la primera torre de oficinas en ser reconstruida en el área del World Trade Center. El nuevo edificio se elevará a 1.776 pies de altura* y cumplirá las funciones de un faro perdurable que incite a la aspiración sobre la silueta de la ciudad de Nueva York. No todos los comentarios le han sido favorables; sin embargo, SOM cree que este diseño evoca la elegancia y simetría de los antiguos rascacielos de Nueva York, aludiendo al mismo tiempo a la antorcha de la Estatua de la Libertad[29].

Cuando Zhang entró por primera vez al cavernoso vestíbulo —así lo llamaban los banqueros de Goldman— de 85 Broad Street, se vio asaltada por una mezcla de respeto reverencial y un dejo de autosatisfacción. Mientras avanzaba a través de una arcada, pasando bajo una placa de bronce que mostraba el mapa del Bajo Manhattan *circa* 1660, la esperanza crecía en su corazón. Al fin y al cabo, había llegado muy lejos: desde una pobrísima aldea china hasta el epicentro de los mercados de dinero y capital.

Sin embargo, en el término de unas pocas semanas su euforia se aquietó para dar paso a la realidad. En primer lugar, Zhang no imaginaba que había penetrado en un mundo donde las

---

* Aproximadamente, 541 metros [N. de la T.]

compañías consideran necesario hacer restallar el látigo si alguien no trota lo suficientemente rápido. Quizás fuera esperable, dado que Zhang comenzó como analista, el peldaño más bajo de Wall Street, y su ritmo de vida ya era veloz y estaba llena de preocupaciones. Su transición desde los bosquecillos intelectuales de la economía a la implacable sala de máquinas del capitalismo no tuvo nada de apacible.

Trabajaba en financiación de proyectos, centrándose en el desarrollo de métodos de financiamiento para proyectos de infraestructura provenientes de una compañía privada o del gobierno, que requirieran de una hoja de balance primario. A modo de ejemplo, muchas de las primeras inversiones extranjeras que llegaron a China consistían en capitales para la financiación de proyectos. Aún cuando ya no les quedan opciones de préstamos bancarios, a las compañías suele quedarles el recurso de financiamiento de proyectos para obtener el capital que necesitan. El trabajo de Zhang le exigía viajar constantemente, a veces visitando tres ciudades en una misma semana; recuerda, no muy feliz, que durante un tiempo "vivía en una maleta". Cuando no viajaba, pasaba no menos de doce horas al día, preparando las presentaciones encuadernadas que los banqueros venden a sus clientes.

La vida de Zhang se iba desdibujando a medida que se percataba de que su sensación de bienestar se desmoronaba. Lo que se tornaba cada vez más insatisfactorio era lo rutinario de sus tareas; en comparación, no le molestaba tanto su extenuante cronograma de viajes. Sentía que vivía como una zombi, y comentaba que "todos peleaban contra todos", porque el éxito dependía de las ganancias que cada uno aportara a la firma. Y tal vez no fuese del todo inapropiada la descripción aplicada por una banquera principiante a sus colegas: los llamaba "lobos y tigres", diciendo que ponían todo el énfasis de su mirada de muy corto alcance en obtener ganancias descollantes. Zhang se sentía consternada ante la sensación de que, para la mayor parte de sus relaciones profesionales, su ideal de responsabilidad social constituía un concepto totalmente extraño, cuando no aberrante. La cultura en Wall Street carecía de toda motivación inspiradora y de un sentido elevado de la vocación; sólo la movía un deseo innato de abrirse camino hacia la cima. La actitud representada por la frase "la codicia es buena", inmortalizada por Gordon Gekko* en la película *Wall Street*, todavía funcionaba como 'lingua franca', aunque algo atenuada por el colapso sufrido por el mercado en 1987.

Lo que distinguía a Goldman Sachs del resto era su legendaria cultura firmemente "conformista". Fundada en 1869, la firma fue una sociedad hasta 1999. A principios de los noventa, había alcanzado un alto nivel de rentabilidad, aunque conservando su reputación de empresa discreta. En cierta ocasión, Gus Levy, legendario socio de Goldman, declaró que el secreto del éxito de la compañía residía en que "era codiciosa, pero a largo plazo". 1993 fue un año señero para Goldman, pues rindió beneficios por valor de más de 2,6 billones de dólares (antes de descontar impuestos), con un rendimiento de capital que excedía el 60 por ciento, una de las mejores ganancias de la historia. El periódico británico *The Guardian* formulaba la siguiente pregunta: "Cuál es la diferencia entre Tanzania y Goldman Sachs? La primera es una nación africana cuyos ingresos ascienden a 2,2 billones anuales que deben ser repartidos entre 25 millones de habitantes, mientras que el segundo es un banco de inversión que gana 2,6 billones al año y los divide entre 161 personas".

Los empleados de Goldman tenían claro que para progresar en la empresa, era condición esencial adaptarse a su cultura. Un ex banquero que insistió en que se preservara su anonimato declaró que "el sistema operaba bien en beneficio propio". En su libro bestseller titulado *Goldman Sachs: The Culture of Success*, Lisa Endlich afirma: "La firmeza del propósito corporativo se apodera de casi todos los empleados desde el momento en que atraviesan

---

* Personaje sin escrúpulos del mundo de las finanzas magistralmente interpretado por Michael Douglas [N. de la T.]

la entrada por primera vez. Se espera un compromiso total con la firma". Un ex socio recuerda que la esencia de la cultura de Goldman reside en su estructura societaria. Endlich también reconoce que "a veces, la firma es criticada por su conformismo extremo". Otra ex banquera de Goldman comentó que nunca sintió la necesidad de ser creativa, sino que sentía que lo que se esperaba de ella era que hiciera "las cosas normales" —las tareas de rutina— de manera impecable. Otros se muestran en desacuerdo y sostienen que, en los últimos años, la empresa ha incorporado estilos innovadores.

A pesar de todo, trabajar en Goldman era visto como una distinción honorífica. No es para menos: ésta es la empresa cuyo timón estuvo en manos de Robert Rubin, Secretario del Tesoro de los Estados Unidos bajo la presidencia de Bill Clinton, desde 1995 hasta 1999; de Jon Corzine, que ganó para Goldman reconocimiento público antes de representar a Nueva Jersey en el Senado en el 2000, convirtiéndose en el quincuagésimo segundo gobernador de dicho estado en enero de 2006; y de Stephen Friedman, director del Consejo Económico Nacional bajo la Presidencia de George W. Bush entre 2003 y 2004. Según Endlich, la firma rebosaba de brillantes y leales "soldados rasos" dotados de aguda inteligencia y caracteres quizá conformistas, al menos hablando de los sobrevivientes al régimen. No le tomó mucho tiempo a Zhang percatarse de que estaba fuera de su elemento. Para explicarlo, dice: "Nunca tuve que recurrir a mi buen juicio. El trabajo no se relacionaba en nada con lo que había estudiado".

Su sentimiento también se reflejaba en aquellos de sus contemporáneos que habían incursionado en Wall Street antes de dar la espalda al lucrativo mundo de las altas finanzas. Entre ellos se encontraba Frank Patnoy, ex vendedor de subproductos de Morgan Stanley y autor de *F.I.A.S.C.O.: Blood in the Water on Wall Street*. Patnoy lanza una aguda observación: "ciertas personas se dedican a la actividad bancaria sólo por el dinero, y otras por la excitación que produce".

Ninguna de estas dos motivaciones se aplicaba a Zhang. A principios de los noventa, Nueva York todavía estaba lamiéndose las heridas provocadas por la recesión que siguió a los excesos de la reagonomía de la década anterior. Tal vez quien haya novelado mejor la "década de la codicia" sea Tom Wolfe en *Bonfire of the Vanities*. En apariencia, la ciudad se encontraba diezmada por el SIDA, el crack y el vertiginoso incremento del crimen, y aún así no había perdido su vibrante y característica efervescencia para quienes se atrevían a vivir en ella. Habría de pasar aún bastante tiempo hasta que Nueva York se convirtiera en el lugar sofisticado y ultramoderno que es hoy en día. Al igual que ocurría con muchos banqueros principiantes en Wall Street, Zhang carecía de vida privada. Todos "trabajaban como locos", según dice uno de sus antiguos colegas. Los almuerzos apresurados en el autoservicio sin ventanas ubicado en los sótanos de 85 Broad Street intensificaban la naturaleza penosa de su existencia.

Después de un año de sudar tinta en Goldman, Zhang sentía que el tipo de trabajo que realizaba para la firma la limitaba. El hecho de ser una extranjera inserta en un banco estadounidense de inversiones de primerísima categoría presentaba desafíos; así lo vivían también sus contemporáneos chinos que ocupaban otros puestos en Wall Street. Durante el curso de una entrevista, Wei Christianson, CEO de Morgan Stanley China, dijo que no había encontrado su camino hasta que regresó a su país para tomar parte en la histórica tarea de elevar el nivel del primer mercado chino de valores[30].

Para una mujer, establecerse en Wall Street es siempre una lucha, y nada había cambiado en los noventa. Dentro de un contexto amplio, aunque las mujeres y otras minorías habían logrado progresar constantemente en el ambiente, algunas puertas se mantenían sin embargo cerradas. Los hombres continuaban dominando los cargos jerárquicos de la mayoría de los negocios financieros, y las mujeres, particularmente aquellas pertenecientes a las minorías, eran —y aún lo son, aunque en menor grado— el grupo con menor visibilidad. Algunas de las mujeres que antes trabajaban en Wall Street atribuyeron a la cultura machista la estampida que las hizo abandonar sus puestos: estaban expuestas a altos niveles de estrés, a desempeñar múltiples tareas a la vez, y a menudo, al abuso verbal.

En comparación con otras empresas de Wall Street incluidas en la categoría de grandes ganancias, una de las ventajas de Goldman era su reputación de respeto por la meritocracia. Según un ex banquero mexicano, ello la convertía en "un lugar acogedor para los extranjeros". Pero asimismo admitía que no se "alentaba" el individualismo. Si bien la firma se enorgullecía de su habilidad para construir el consenso y el trabajo en equipo, Zhang sentía que se le ofrecían escasas oportunidades para hacer uso de su veta empresarial y desarrollar sus ideas. John Gapper, comentarista en jefe de la sección de negocios del *Financial Times*, observa que "ser banquero de inversión se parece a ser boxeador: es difícil resistirse a una última pelea por el campeonato"[31]. Para Zhang, la perspectiva de ser un soldado en el siguiente campeonato había perdido su atractivo. Sobre todo, vio claramente que no tenía oportunidad de explotar su capacidad al máximo.

Anhelaba un cambio. Leyó un artículo sobre cambios de empleo donde se sugería preguntar al potencial empleador que estaría haciendo el postulante pasados cinco años en la empresa y se estremeció al pensar que ella, en los siguientes cinco años, estaría haciendo lo mismo que en ese momento: dinero. Con menos energía y ambiciones, bien podría haber optado por quedarse en Goldman. Pero Zhang deseaba marcar una diferencia.

En su mente, tomó forma la idea de fundar y administrar una compañía en su China natal, y lograr un impacto global. Durante los años que había vivido en el extranjero, Zhang no había cortado el cordón umbilical con su tierra. En los noventa se produjo una inversión extranjera directa de 40 billones de dólares, con un incremento anual del 40 por ciento en promedio, y que alcanzó un pico increíble del 175 por ciento en 1993[32]. No resultaba extraño que los fondos destinados a la especulación acompañaran la lógica reinante, según la cual la economía china se convertiría en la mayor del mundo. Muchos de los flujos de capital se volcaron al mercado de los bienes raíces; otro de los factores que contribuyeron al rápido crecimiento del sector fueron las prósperas empresas privadas, que florecían en abierto contraste con el desfallecimiento de las SOEs. Sin la más pálida idea de lo que haría, Zhang buscó otras compañías financieras donde pudiera aprovechar sus conocimientos.

Entonces se le presentó una oportunidad, y 1994 la encontró mudándose a Hong Kong para unirse a Travelers Group[33]. Luego de los siete años pasados en el Occidente, el traslado al este anunciaba el comienzo de una nueva era en su vida profesional. En aquel momento, Travelers se dedicaba principalmente a los seguros en los rubros de la propiedad, accidentes, vida y garantía de anualidades. Allí Zhang encontró un ambiente totalmente nuevo y además, no dejaba de ser atractivo el haberse alejado de la deshumanización de Wall Street.

La dimensión más excitante de su flamante empleo era el contacto con China. Su trabajo fue adquiriendo mayor significado a medida que Zhang se dedicaba a evaluar inversiones en compañías chinas. En Wall Street, lo que estaba a la orden del día era una actitud "prudente", mientras que en Hong Kong Zhang se sintió encantada de recobrar su disposición "lírica". Contrariamente a lo que hizo cuando partió a Europa, comenzó a planificar rutas de escape hacia China.

No es de extrañar que China se le presentara como una meta de suma importancia mientras volvía a orientarse en el ya familiar paisaje de Hong Kong. Si existía algo de la verdad en lo que se murmuraba durante las veladas sociales, el mercado inmobiliario chino era celebrado en toda la ciudad. El rumor aguijoneó su interés, y comenzó a investigar cuáles eran las oportunidades.

Redstone, predecesor de SOHO China

We are wonderers at the end of the earth,
But to meet each other here,
*Why must we have met before?**

—Bai Juyi, poeta chino.

En mayo de 1994, una conversación fortuita con un conocido de Cambridge condujo a Zhang al Vantone Group, una compañía innovadora del sector inmobiliario dirigida por Pan Shiyi, un joven empresario que había causado sensación en Hainan antes de cautivar a Beijing. Ella ignoraba que a partir de este encuentro su carrera iba a tomar un rumbo completamente distinto. Desde 1980, Hainan, en el extremo sur de China, era una zona económica particular, creada con el ostensible propósito de atraer inversiones extranjeras y experimentar la economía de mercado

* *Vagamos errantes por los confines de la tierra/Pero para encontrarnos aquí/¿por qué debemos habernos conocido antes?*

de forma controlada. China contaba con cinco zonas de tales características, favorecidas por una considerable reducción de las cargas impositivas, las reglamentaciones sofocantes, y la interferencia burocrática.

Conocer a Pan significó algo más que una oportunidad profesional para Zhang. El romance que iniciaron se tradujo en un punto de inflexión en su vida personal. Zhang recuerda cómo se sintió absorbida por la energía y ambición que irradiaba Pan, y sintió que sus "anhelos románticos" habían encontrado un "alma gemela", por el modo en que estos dos jóvenes intelectuales deseaban aportar al progreso de su país, con sus grandes ideas acerca de las empresas inmobiliarias. Pan quedó igualmente impresionado por las ambiciones y la perspectiva singular con que los años pasados en el extranjero habían dotado a Zhang. Con la eficiencia de una transacción comercial, Pan se le declaró a los cuatro días de conocerla, y así comenzó una relación única en su género, sumamente exitosa, aunque a veces cruzada por nubes de tormenta. En apariencia, no se parecían en absoluto: Pan era una estrella "nativa"; tenía en su haber un giro de negocios inmobiliarios en Hainan y el New World Plaza, la joya de la corona de Vantone, erigida en el centro de Beijing; Zhang era una ejecutiva educada en Occidente, perspicaz para las finanzas y costumbres cosmopolitas. Sin embargo, compartían el deseo ardiente de imprimir su marca en el floreciente mercado inmobiliario chino. Los jóvenes contrajeron matrimonio en octubre de 1994, y Zhang se mudó a Beijing a fines del año siguiente. Para entonces, Pan se había retirado de Vantone, y juntos fundaron Redstone (*Hongshi* en chino), una empresa inmobiliaria que fue rebautizada con el nombre de SOHO China en 2002. Se pusieron como meta crear espacios comerciales y viviendas para la clase media china, que se encontraba en rápida expansión.

Según dice el cliché, en los negocios lo que importa es el momento propicio. La pareja se encontraba en el lugar correcto en el momento apropiado, pues a mediados de los noventa comenzó en Beijing una repentina prosperidad edilicia que se aceleró más aún a causa de su selección como ciudad sede de los Juegos Olímpicos a realizarse en el verano del 2008. En 1996, la inversión total inmobiliaria en locales comerciales alcanzó los 175 billones en moneda china, y ya existían 21.000 compañías inmobiliarias que empleaban a 700.000 personas, constituyendo así uno de los sectores privados de mayor envergadura[34].

Hasta principios de los noventa, la vivienda urbana china había estado basada en un sistema de ayuda social instaurado en la década de los cincuenta. Dicho sistema de distribución habitacional había desempeñado un rol histórico al garantizar un techo para la gran mayoría de los trabajadores, una traducción directa del ideal socialista de bienestar social que predicaba empleo y estabilidad universales. Funcionaba de la siguiente manera: por el lado de la oferta, las viviendas eran construidas y administradas por "unidades de trabajo", denominación china para las empresas estatales (SOEs). En cuanto a la demanda, los empleados se inscribían en un sistema de distribución que tomaba en cuenta la jerarquía, la antigüedad, el estado civil, y la estructura familiar de cada individuo. Por ejemplo, una familia en la que coexistían tres generaciones se definía, entre otros factores, como un hogar con niños, padres, y abuelos. Para ocupar las unidades habitacionales que les eran asignadas, los empleados pagaban un alquiler nominal pero no se convertían en dueños de la propiedad; en consecuencia, las viviendas sufrían un deterioro mayor que el desgaste normal. Sin un mercado inmobiliario que operara un equilibrio entre la oferta y la demanda, no es de sorprenderse que este sistema de "bajos salarios y alquiler bajo" arrojara por resultado edificios mal mantenidos, sumados a la escasez de viviendas disponibles.

La arquitectura residencial típica de la época se componía de edificios de hormigón gris al estilo soviético, con cocinas y cuartos de baño comunitarios, compartidos por varias unidades. Zhang había experimentado en carne propia este estilo de vida: en el complejo habitacional al que había sido enviada la "unidad de trabajo" que integraba su madre en la década de los setenta, las familias tenían que mantener un cuidadoso equilibrio en el uso de las bacinillas, ubicadas en las cocinas, y a menudo debían hacer cola para utilizar el baño por las mañanas, cuando todos debían alistarse para ir a trabajar.

La liberalización económica iniciada en 1978 introdujo un notable crecimiento del PBI, con un promedio del 9,5 por ciento[35], pero hacia principios de los noventa las reformas alcanzaban muy lentamente al sector de la vivienda, una de las últimas industrias en adaptarse a una economía de mercado que arrastraba un engorroso legado de épocas pasadas. Las reformas aplicadas al sistema habían intentado resolver el aspecto de la oferta en sus vertientes de construcción y distribución. Respecto de ésta última, se habían propuesto transformar la tradicional "vivienda en especies" en una "vivienda en efectivo": o sea, comercializar la distribución. Por lo que atañe a la construcción, el objetivo consistía en diversificar la inversión estatal, incluyendo en el programa al gobierno central, las autoridades locales, empresas, e individuos. En 1994, el gobierno emitió un decreto —Decisión para profundizar la reforma del sistema de vivienda urbana— que establecía, de manera inequívoca, los tres tipos de precios al que se venderían las casas: precio de mercado, precio de costo, y precio oficial[36].

Redstone comenzó a operar en 1995, precisamente en el momento en que la idea de la propiedad privada provocaba entusiasmo. Dos factores clave estimularon la demanda: el primero se relacionaba con la creación de un fondo de acumulación para la vivienda, o fondo de reserva, constituido por los ahorros de los trabajadores y sus "unidades de trabajo"; el segundo se basaba en el acceso de los potenciales compradores a préstamos prendarios otorgados por los bancos. En agosto de 1997, el Banco Popular de China (PBOC) emitió un Método Tentativo de Administración de Préstamos Personales, el cual permitía a los prestamistas ofrecer hipotecas que cubrían hasta el 70 por ciento del valor de la vivienda con un plazo máximo de veinte años para saldar la deuda. Casi enseguida de esta resolución, en mayo de 1998, el PBOC avanzó otro paso, implementando el Método de Administración de Préstamos Personales para la Vivienda, en un intento de mejorar los defectos de un mercado hipotecario incipiente y apresurar el crecimiento del mercado de las propiedades para fines residenciales. Pronto sólo los bancos mercantiles con inversión del estado y los Bancos de Comunicación entraron en el negocio de préstamos para la vivienda.

Con este telón de fondo, Redstone diseñó un primer plan de negocios destinado a la construcción y comercialización de propiedades residenciales y comerciales en la zona urbana de Beijing. La puesta en marcha se enfrentaba a tres desafíos: la financiación, la adquisición de las tierras y la arquitectura. La división de las tareas se dio de manera natural. Los sólidos conocimientos de Pan acerca del mercado local eran fundamentales para la negociación de los terrenos, mientras que la red internacional de negocios que Zhang podía aportar resultaba de gran utilidad para recaudar fondos, y su sentido estético fue aprovechado para el diseño arquitectónico.

Del mismo modo en que ocurre en los países desarrollados, la ubicación es condición principal. Para el desarrollo de su primer proyecto, Redstone se concentró en el este de Beijing, donde había una cantidad mucho menor de emprendimientos comerciales que en el oeste de la ciudad. El terreno de seis acres albergaba una fábrica de cerveza, situada sobre una arteria principal del distrito de Chaoyang —donde se apiñan embajadas y consulados— que hacía tiempo enfrentaba dificultades financieras. Muchos hoteles internacionales también se encuentran en la zona, y la suma de estas circunstancias contribuyó a que el terreno fuera muy disputado. Finalmente, primó la reputación de la que Pan gozaba en su calidad de emprendedor inmobiliario local con importantes antecedentes en la actividad.

El financiamiento fue un hueso más duro de roer. En los países desarrollados, diversos intermediarios financieros ofrecen instrumentos tales como préstamos bancarios de estilo tradicional, emisión de acciones públicas, financiamiento de proyectos, bonos corporativos, financiación del capital, fondos industriales y fideicomisos. Por añadidura, dentro de un amplio marco regulatorio, existe un mercado secundario de títulos garantizados por bienes de capital que mejora la liquidez y controla los riesgos. A mediados de los noventa, en lo referente a los negocios inmobiliarios, el mercado financiero chino aún se encontraba en una etapa de subdesarrollo, y se apoyaba principalmente sobre préstamos bancarios cuyos primeros beneficiarios eran las empresas estatales (SOEs). Las compañías privadas —Redstone, entre otras— se encontraban limitadas por las elevadas tasas de interés y endeudamiento prendario —cuya garantía era la tierra misma— que debía ser saldado a corto plazo. "Los costos del financiamiento eran ridículamente altos, pero en tanto éramos una empresa privada, nos aveníamos a ellos o no teníamos nada", declaró Zhang en julio de 2002 durante una entrevista con el Profesor Yasheng Huang, de la Universidad de Harvard.

Atrapada en las restricciones de las opciones locales, Zhang se puso en contacto con inversores extranjeros que había conocido durante sus años de actividad bancaria. Entre ellos se encontraba la Singapore Government Investment Corporation (GIC), encargada del manejo de las reservas en moneda extranjera en la isla y responsable de uno de los fondos de inversión inmobiliaria más grandes del mundo[37]. Sin embargo, GIC se mostraba renuente a financiar una empresa desconocida como Redstone, y sólo accedió a la transacción en agosto de 1997, después de dos largos años de dilatadas negociaciones. Para entonces, la crisis financiera se había desatado en Asia, afectando los mercados bursátiles y los precios de otros bienes en muchos países de la región. Entre los afectados, baste mencionar que los que sufrieron las peores consecuencias fueron Tailandia, Indonesia, y Corea del Sur, aunque Hong Kong, Malasia, y las Filipinas también quedaron envueltos en la depresión. Si bien Singapur salió relativamente indemne, GIC suspendió el acuerdo. Más tarde, Zhang relata que fue como haberse golpeado fuertemente en la espalda con sus propias manos[38].

En 1998, asomó un resquicio de esperanza junto con el histórico desarrollo del mercado inmobiliario de China que trajo su rayito de luz a Zhang y Redstone. En marzo de ese año, el gobierno Chino introdujo la "Reglamentación de la Administración de Préstamos Personales para la Vivienda"[39], cuyo propósito consistía en acelerar las reformas en el sector. El anterior sistema de asignación de viviendas iba a ser progresivamente eliminado, y se alentaría a los consumidores a invertir sus ahorros para adquirir sus propias viviendas o pagar los alquileres regulados por el mercado. Asimismo, el Gobierno decidió otorgar, por única vez, subsidios para la vivienda. Medidas posteriores decretaron que todas las unidades habitacionales construidas después del 1º de enero de 1999 no debían ser asignadas, sino puestas a la venta. El paquete de reformas anunciaba el comienzo de la metamorfosis del mercado inmobiliario tal como lo conocemos en China.

Arquitectura: el aura de SOHO China

Give an architect the chance to show off
and he'll take it.*

—Proverbio chino

Después del contratiempo de GIC, Zhang y su esposo renovaron esfuerzos para sacar adelante Redstone, y optaron por una división de tareas que resultó fundamental para el éxito de SOHO New Town, el primer complejo residencial y comercial del este de Beijing. SOHO significa "pequeña oficina, oficina en el hogar", y proviene del concepto japonés que promovía hogares que también hacían las veces de oficinas. El nombre elegido también aludía deliberadamente al Soho de Manhattan, el vecindario super chic favorito de Zhang cuando residía en Nueva York. El concepto de SOHO, bajo un nombre tan astutamente elegido, ha despertado enorme interés en la incipiente clase empresaria.

* *"Dénle a un arquitecto la oportunidad de lucirse, y no la desdeñará".*

Tanto Pan como Zhang han aportado su extraordinario empuje a la compañía. En marzo de 2005, durante una entrevista otorgada a *Metrozine*, Pan declara: "Somos muy distintos. Yo soy local; ella es internacional. Pero cooperamos bien y juntos obramos milagros".

La cooperación de la que hablaba se tradujo en la división de tareas: mientras Pan se concentraba en los aspectos operativos, Zhang se dedicaba a la arquitectura. Cuando llegó el momento de diseñar el primer proyecto, Zhang deseaba colocar a SOHO New Town en el mapa de la arquitectura urbana contemporánea de China. Habiendo vivido en Hong Kong, el Reino Unido, y los Estados Unidos desde los 15 años, Zhang había desarrollado una sensibilidad moderna y ecléctica. Daba prioridad al tipo de arquitectura que registra el carácter histórico y a los edificios que "capturan la historia, impulsándola hacia el futuro".

A mediados de la década del noventa, China atravesaba un proceso rápido y radical de modernización y urbanización inédito en su historia reciente. A Zhang y sus contemporáneos del mundo de la arquitectura no se les escapó el equilibrio entre la influencia internacional y la tradición china. Yung Ho Chang, uno de los arquitectos nativos más reputados, ejerció en ello una influencia decisiva. Zhang lo había conocido cuando ella y Pan lo contrataron para que diseñara su hogar. Ella se inspiró en la filosofía de la arquitectura moderna sostenida por Chang, basada en la sensibilidad por lo local y por la conciencia de lo global. La ex banquera y el arquitecto también comparten entornos culturales semejantes. Chang, nacido en Beijing, había pasado quince años en los Estados Unidos antes de retornar, en 1993, para inaugurar Atelier FCJZ (Fei Chang Jian Zu, o "Arquitectura inusual"), la primera empresa arquitectónica privada de Beijing, cuyos proyectos terminados incluyen residencias privadas, museos, edificios gubernamentales e instalaciones en la Bienal de Venecia y en el Centro Pompidou de París.

Durante más de una década, Atelier FCJZ ha contribuido a definir una noción general de lo que en verdad consiste la práctica arquitectónica china. Un ejemplo notable puede verse en el "microurbanismo", un nuevo enfoque para la negociación de las características urbanas de alta densidad y complejidad. Uno de los proyectos más recientes es la Editorial de Shijiazhuang, capital de la provincia de Hebei, situada a unos 280 kilómetros al sudoeste de Beijing. Se trata de un edificio de doce pisos, terminado en 2003, que combina espacios para oficinas, salas de exhibiciones, auditorios para congresos, hotel, restaurante y café, librería, un museo de arte y una cancha cubierta de basketball. La naturaleza híbrida del uso dicta la singular estructura, repartida entre tres pequeños edificios relativamente independientes: la editorial ocupa los pisos superiores, los espacios comerciales se encuentran en los niveles inferiores, y el espacio intermedio comprende un jardín urbano de factura vertical que también hace las veces de escalera de incendios.

Los diseños de Chang se centran en la ciudad, la materialidad y la tradición. Aparte de sus proyectos arquitectónicos, publicó una monografía titulada *Yung Ho Chang/Atelier Feichang Jianzhu: A Chinese Practice.* También desempeña una activa labor académica: en 1999 fundó, en la Universidad de Beijing, el Centro de Graduados en Arquitectura, del cual es director. Quizá su importancia en el ámbito académico estadounidense esté mejor ejemplificado por sus grandes logros. En 2002 fue titular en Harvard de la cátedra Kenzo Tange, así llamada en honor de Tange, fallecido en 2005 y uno de los arquitectos de mayor relevancia en el siglo XX. Sus diseños combinaban estilos japoneses tradicionales y elementos modernistas en destacados edificios erigidos en cinco continentes. Entre sus obras más notables se destaca el Peace Park y el Peace Memorial, que debe mucho a Le Corbusier, y suele ser aludido como "el corazón espiritual de la ciudad"[40]. En 2004, Chang fue Jefe de la Cátedra de Arquitectura de la Universidad de Michigan; desde el otoño de 2005, es Director del Departamento de Arquitectura del MIT. Admira a Marcel Duchamp, el artista estadounidense nacido en Francia, cuya escasa producción a pesar de ser controvertida, ejerció una fuerte influencia sobre el desarrollo del arte de vanguardia del siglo XX. La penetración de sus ideas resultaron cruciales para el desarrollo del surrealismo, el dadaísmo y el pop art. Su obra maestra —"La novia puesta al desnudo por sus solteros, incluso"— una obra abstracta también conocida como "El gran cristal", realizada sobre vidrio con óleo y alambre, tuvo una recepción entusiasta entre los surrealistas. Durante una entrevista con *MIT Tech Talk* que tuvo lugar en septiembre de 2005, Chang declaró: "Me siento fuertemente influenciado por el arte de Marcel Duchamp y por las películas de Alfred Hitchcock". Hace también reflexiones agudas acerca de los efectos que el nuevo poderío económico chino ha operado sobre los arquitectos: "La actual prosperidad económica y la rápida urbanización a gran escala que se ha desatado en consecuencia, se tradujo en oportunidades inmediatas para los arquitectos. No sólo se encuentran en la construcción de edificios y ciudades, sino que contribuyen a definir la cultura china contemporánea".

Dentro de una visión más amplia, la exposición a la arquitectura y a las ideas globales poco a poco va creando en China una cultura más sofisticada del diseño. En su edición del 10 de marzo de 2005, *The Economist* reflexiona sobre el fenómeno "del boom de la construcción que ha envuelto a China en las últimas dos décadas". Tradicionalmente, la arquitectura constituía el reino de la elite gobernante, e imponía restricciones a la altura, los colores, y el diseño. Durante la primera mitad del siglo XX, sujetos a las limitaciones dictadas por la guerra, los constructores generaban pocas ideas y preferían repetir un estilo de techos copiado de los templos que recordaba la época imperial. Depués de 1949, se introdujo la moda del realismo socialista, inspirado en la Unión Soviética. Durante las dos décadas siguientes, China experimentó un duro 'invierno' en las áreas de arquitectura y desarrollo urbanístico, debido en parte a la realidad económica, pero más aún a la cultura política e ideológica vigente en el momento. Quizá Beijing, la capital, compendia lo que Liang Sicheng, eminente historiador de la arquitectura, dio en llamar "una obra maestra de planeamiento urbano sin parangón". Comprendía cuatro estratos: en el centro, la Ciudad Prohibida, rodeada por la Ciudad Imperial, y las ciudades residenciales interna y externa, pobladas por palacios, templos, y espléndidas mansiones. Liang instó a Mao a preservar los antiguos muros que rodeaban a Beijing, pero éste los demolió por considerarlos un símbolo de la China feudal.

Aunque a menudo se la ha comparado con Washington, D.C. por la munificencia de sus edificios públicos, Beijing en particular ha tratado de desprenderse de su imagen insípida copiada del gigantismo soviético e inclinándose por elementos decorativos propios de la China. Junto con el poderío económico, ha obtenido el dinero y el talento, tanto extranjero como nativo, para lograr el sentido de identidad fundamental a la esencia de cualquier ciudad exitosa. En consecuencia, según Antonio Ochoa, arquitecto venezolano que vivió y trabajó en Beijing durante diez años y diseñó la Casa en Voladizo para la Comuna junto a la Gran Muralla, "La arquitectura china jamás se ha sentido tan confiada, y mejora en la medida que aumenta la competencia". En el transcurso de una entrevista con la Televisión Central China (CCTV) —la cadena estatal— expresa su entusiasmo por las ideas creativas de la responsable del área en SOHO China: "Zhang Xin tiene la mente abierta y acepta nuevas ideas que vienen del extranjero. Esa es precisamente la precondición de nuestro trabajo conjunto".

En septiembre de 2004, Zhang concedió una entrevista a *Beijing This Month*, publicación mensual dedicada a temas de cultura y estilos de vida. Allí explicó su enfoque: "No importa de dónde provenga —los Estados Unidos, Francia, Gran Bretaña, Hong Kong, Singapur, o Tokio— la arquitectura moderna es idéntica. Hay un único estilo; es decir, el de la arquitectura moderna". Su opinión se hace eco de urbanistas modernos tales como Rem Koolhaas de los Países Bajos, ganador del Premio de Arquitectura Pritzker 2000, equivalente al Premio Nobel. Koolhaas es considerado uno de los arquitectos-pensadores más audaces, influyentes, e intelectualmente estimulantes de su generación. Su escuela sostiene que la asimilación mutua es característica generalizada de las áreas metropolitanas modernas y multiculturales, al tiempo que pierden cohesión cultural con los alrededores geográficos que les son propios. La Central Library de Seattle (2004), con su fachada de ángulos irregulares, voladizos, cobertura de vidrio y acero, estanterías interiores en espiral y elevada sala de lectura es uno de sus proyectos más aclamados. Se encuentra trabajando en lo que será el edificio más alto de Beijing: la central de CCTV, el canal oficial de China. Realizado con el propósito de deslumbrar, el edificio apunta al cielo, pero más que nada lo enmarca en una curvatura ininterrumpida de ángulos abruptos, a la manera de las formas caligráficas de la escritura china.

Zhang también se lamenta de la falta de talentos en la arquitectura china, así como del estado en que se halla la arquitectura moderna nacional o "nativa". Dice: "Francamente, en los últimos cien años, no he visto nada que pudiera llamarse arquitectura china. Cuando se piensa en la arquitectura china uno enseguida evoca la arquitectura de la Ciudad Prohibida". Chang Qing, director del Departamento de Arquitectura de la Universidad de Tongji, Shangai, recuerda sus días de estudiante a fines de los setenta: "No teníamos contacto alguno con el resto del mundo". En particular, la arquitectura china contemporánea construida en las ciudades entre la década de los cincuenta y principios de los setenta mostraba "mayormente un estilo ruso; ya no era chino", recuerda Zhang con tristeza.

Desde el punto de vista demográfico, Zhang comprendía la demanda reprimida de la emergente clase media china, que buscaba algo diferente de los apartamentos estándar ofrecidos por la mayoría de las inmobiliarias. "La gente desea pertenecer a la metrópolis; busca maneras de realzar el estilo y la calidad de vida modernos", explica. "La totalidad de la maquinaria estatal estaba preparada para construir cosas novedosas; no quedaba nada para conservar lo antiguo, de modo que decidí poner todo mi empeño en construir algo nuevo", declaró al *Financial Times Asia*[41].

La arquitectura de SOHO New Town, el primer proyecto de uso mixto que emprendió su empresa, se aparta radicalmente de los inocuos bloques de hormigón con sucedáneos de los típicos techos chinos que caracterizaron el diseño urbano local de fines del siglo XX. Zhang eligió un enfoque refrescante, por no llamarlo atrevido. Reflexiona que "deseábamos usar diseños innovadores y tecnología audaz para reflejar las aspiraciones de la gente"[42]. Pan elogia la inquietud visionaria de su esposa, reflejada en su determinación de introducir en China viviendas de gran calidad y estándares internacionales. Expresa que "no se trata de un estilo copiado de Occidente sino que representa una China nueva".

Para las seis primeras torres de SOHO New Town, Zhang escogió un prominente arquitecto chino: Cui Kai, arquitecto en jefe del grupo China Architecture Design & Research desde 2000, vicepresidente de la Sociedad China de Arquitectura y vocero de la *Union Internationale des Architectes.* Cui se ha hecho acreedor a muchos premios, y entre los diseños ganadores figura la residencia "See and Be Seen" [Ver y Ser Visto] de la Comuna junto a la Gran Muralla. La fachada de New Town fue diseñada por Zhu Xiaodi, actual director del Instituto de Diseño Arquitectónico de Beijing. Fundado en 1949, el Instituto construyó algunos de los símbolos más importantes del poder comunista en China, como el Gran Salón del Pueblo y el Museo Nacional Chino, ambos situados en la Plaza de Tiananmen. Lo que Zhang les pidió fue que, simplemente, "pusieran el acento en los detalles".

Esta cooperación llegó a un fin fructífero en 2001, cuando se descubrieron los diseños de los 480.000 metros cuadrados que ocupó el proyecto. Era el primer edificio chino moderno con colores vívidos en la fachada; los techos altos, pisos de madera clara y ventanales del piso al techo presentaban un brusco contraste con los apartamentos cursis, con pisos de hormigón sin revestir que eran moneda corriente en las viviendas urbanas de Beijing. Una anécdota interesante refiere que los grandes ventanales de New Town infringían reglamentaciones estatales según las cuales las ventanas debían instalarse a tres pies (nueve décimos de metro) por encima del nivel del piso. En promedio, estos apartamentos medían 2.000 pies cuadrados, y algunas unidades tenían una superficie de 3.700 pies cuadrados[43]. Atenta a las tradiciones de la cocina china, Zhang fue la primera en proporcionar cocinas amuebladas, equipadas con extractores de aire super potentes para que absorbieran los olores de las frituras. También estandarizó baños instalados y equipados con jacuzzi en una época en la que la mayoría de los apartamentos ofrecidos en el mercado no eran sino una cáscara vacía. Otras características del complejo incluían la opción de subdividir la unidad en varias habitaciones más pequeñas para alojar a tres generaciones, en tanto familias así compuestas todavía se apiñaban en muchos hogares chinos.

Si bien New Town fue aclamada como un avance decisivo por su concepto y diseño, no le faltaron detractores. Comparada con los grises edificios de la zona, era especialmente controvertido a causa de sus colores definidos y su diseño conceptualmente progresista. Algunos críticos la llamaron "vulgar" y "posmoderna", pero ello no desalentó a Zhang. Explotando la ventaja de su diseño único, SOHO New Town no se comercializó como un simple lugar donde vivir, sino como un sueño. Zhang y Pan escribieron un libro en el que desviaban hábilmente las críticas y las integraban a un tratado sobre la China moderna. No es de sorprenderse que la demanda subsiguiente dé fe del enorme atractivo ejercido por los coloridos espacios de líneas puras; los compradores acudían en tropel a arrebatar los apartamentos construidos en dos niveles. En el 2000, a un precio de alrededor de 240.000 dólares cada una, las unidades de New Town estaban a la cabeza de la industria de bienes raíces en términos de ingresos de ventas[44]. A los tres meses del debut, se habían vendido todas, generando 543 millones en moneda china, o 63 millones de dólares en concepto de ingresos, lo que Zhang llama "una ganancia considerable". En 2001 y 2002, SOHO China ocupó el primer puesto en ventas dentro del mercado inmobiliario de Beijing. Resultaba evidente que, con sus elegantes apartamentos de primera calidad, Zhang y su empresa habían animado un mercado sombrío.

Desde el punto de vista de la comercialización, el éxito asombroso de las ventas se debió también a la inteligencia que Pan demostró con su táctica comercial. En una mano, mostraba la "zanahoria": mientras que sus competidores pagaban el acostumbrado 2 por ciento de comisión a los vendedores, Pan lo elevó al 7 por ciento para atraer a los mejores a su compañía; en la otra mano, llevaba la 'porra': ideó un severo plan de evaluación del desempeño, llamado "El que queda último se va" para eliminar a los menos eficientes. Todo vendedor que quedaba en último lugar al finalizar cada período de evaluación era despedido. Además, copiando las estrategias de venta de bienes raíces utilizadas en los mercados desarrollados —en los Estados Unidos, por ejemplo— SOHO China también ofrecía un plan de venta anticipada con garantía de reembolso. Aquellos compradores que adherían a este plan podían pedir la devolución de su dinero, y ello constituía una innovación por parte de una empresa inmobiliaria china, cuya ventaja esencial consistía en hacer que los compradores recelosos se sintieran protegidos. El plan de venta anticipada resultó todo un acierto, y puso a la competencia de cabeza. Redstone se adelantó un paso más al ofrecer el reembolso total, con intereses, del dinero pagado en concepto de seña. Gracias a estas estrategias creativas, SOHO New Town no sólo atrajo compradores de toda China, sino también extranjeros, y no se limitó a la super elite; también se acercaron pequeños empresarios ambiciosos a quienes Zhang consideraba los futuros reestructuradores y promotores del cambio en China.

Es innegable que el modelo combinado de hogar y oficina ofrecido por Zhang a través de SOHO China, junto con su osado enfoque personal de la arquitectura causaron considerable impacto en el mercado de las viviendas de lujo de Beijing, impacto que se extendió al estilo de vida de la capital. Hacia 2002, la mayor parte de los condominios dirigidos a un público sofisticado ofrecían diseños y estilos semejantes[45]. "Otras empresas inmobiliarias están construyendo de manera parecida a la nuestra", declaró Zhang al *Financial Times Asia*. Y agrega: "El arte de trabajar con arquitectos las inspira a hacer las cosas en las que creen, pero que también se traducen en algo que se adapta a la ciudad y a los deseos de los compradores"[46]. Su reflexión acerca del éxito de New Town se resume en esta frase: "Así como todas las cosas se conquistan cuando se da la coyuntura propicia, la arquitectura no es la excepción".

La coyuntura llegó en la Nochebuena del 2001, cuando Zhang organizó una maravillosa velada de gala para bautizar a New Town. Según la exclusiva publicada por *Office Magazine*[47], Zhang contrató a más de la mitad del personal del Hotel Wangfujing de Beijing (de cinco estrellas) para que colaborara en el evento, al que acudieron más de trescientas celebridades y personajes de los medios, del arte, y del mundo del espectáculo, empresarios tecnológicos de primera línea y líderes de los sectores financieros. Bebieron champaña, admiraron la magnificencia del moderno diseño y alternaron con los cerebros que habían hecho posible el proyecto.Conversando con invitados de Hong Kong, Pan les dijo: "Como empresarios de bienes raíces, necesitamos pensar con inteligencia y analizar las tendencias del mercado con sensatez; nuestro corazón nos guía hacia los deseos del mercado y los diseños que fascinan a nuestros compradores, y así proyectamos y construimos con pasión".

Por cierto, la pasión no escaseaba en los niveles superiores de la empresa. En marzo de 2002, la compañía adoptó oficialmente el nombre de SOHO China, el que mejor refleja su lema de "pequeña oficina, hogar-oficina". Pan rebosa confianza: "La rápida urbanización de muchas ciudades chinas constituye el motor principal del negocio de bienes raíces".

Alentada por el éxito abrumador de New Town, sumado a la realidad de que Beijing se estaba convirtiendo rápidamente en una fuente de energía económica, Zhang comenzó a albergar una idea de mayor envergadura: construir un refugio rural a un tiro de piedra de la Gran Muralla como el máximo símbolo de status para la creciente elite económica china. El concepto de un hábitat campestre no era particularmente revolucionario según los estándares occidentales, pero todavía no se había intentado en China. Zhang explica que "nuestra visión se basaba en la construcción de un museo de arquitectura contemporánea para residencias privadas erigidas en un valle, cerca de la Gran Muralla, con la expectativa de influenciar a una nueva generación de arquitectos, empresarios de bienes raíces y consumidores de nuestro país".

La Gran Muralla, considerada una de las siete maravillas del mundo, se yergue al noreste de Beijing, en el sitio correspondiente a la Cabeza del Anciano Dragón, así llamado porque se asemeja a un dragón bebiendo las aguas. La muralla original, de casi 4.000 millas de extensión, se levantó para contener las invasiones manchúes y mongólicas. Su antigua estructura realza el perfil de los valles y colinas, creando una sensación incomparable de distancia y perspectiva.

Antonio Ochoa, el arquitecto venezolano, fue el asesor principal del proyecto. Zhang se sentía atraída por el "sabor latino" de Ochoa, y bromeaba diciendo que "él comprende la vida". Era sabido que este *bon vivant* acompañaba sus almuerzos con un par de botellas de buen vino, y que estaba convencido de que si bien los expatriados disfrutan del nuevo florecimiento de Beijing, no por ello dejan de añorar los aspectos más sutiles del estilo y el placer. En una entrevista concedida en 2004 a *Departures*, revista dedicada a un estilo de vida lujoso y publicada exclusivamente para los poseedores de la tarjeta American Express Platino y miembros de Centurión*, sostiene que "en

* La tarjeta más exclusiva emitida por American Express [N. de la T.]

Beijing no hay nada que hacer durante los fines de semana. ¿Dónde ir para divertirse o descansar? Casi no hay casas de fin de semana en la zona".

Con la idea de complacer a quienes deseaban escuchar los gorjeos de los pájaros y gozar de la contemplación en un ambiente de paz, distinto del estrépito y la polución de Beijing, Zhang escogió un enclave idílico en Shuiguan, Distrito de Yanqing. Se trataba de un valle cubierto de árboles fragantes, colinas, y densos arbustos situado a cuarenta millas de Beijing (sólo una hora en automóvil), y a unas seis millas de la Gran Muralla. Zhang se proponía crear un "museo viviente"; una vidriera de la arquitectura asiática contemporánea, maximizando la exposición a los potenciales inversores y clientes durante las distintas etapas del proyecto. A fin de conservar el diseño impulsado por el lema de SOHO, "no cesaba de descubrir arquitectos talentosos y de incorporarlos a nuevos proyectos". Con la ayuda de Yung Ho Chang, para la primera fase Zhang hizo una cuidadosa selección de doce arquitectos reputados, seis de los cuales eran chinos, y el resto venía de Taiwán, Corea del Sur, Japón, Singapur, Tailandia, y Venezuela. El objetivo consistía en fusionar el arte chino moderno con la arquitectura correspondiente, promover la identidad asiática entre la nueva camada de arquitectos talentosos, y alentarlos a experimentar e innovar sobre "la casa tipo" dentro de las limitaciones impuestas por el lugar. Zhang explica: "Queríamos proyectar lo mejor para la escena mundial, y hacer que China reflexionara sobre la importancia de la arquitectura". Uno de los arquitectos recuerda que Zhang les dijo que "debíamos utilizar los materiales de la región, y pensar en la flexibilidad". Asimismo "eliminó el uso de los colores brillantes" porque "no quería crear algo que se asemejara a un desfile de modas". El resto lo dejaba al criterio de los profesionales.

El complejo, apodado "La Comuna junto a la Gran Muralla", fue ideado como un hogar fuera del hogar. Está compuesto por once casas independientes de cuatro a seis dormitorios cada una, y cada una ocupa una superficie de entre 300 y 700 metros cuadrados, con un *clubhouse* dotado de un restaurante para 200 personas, un salón de baile que da sobre una piscina, un lavadero y otras instalaciones que demandan los ricos patrocinadores de esta versión beijinesa de los Hamptons*.

"La Comuna", en tanto nombre, constituye un gesto histórico que denota cierta ironía, puesto que evoca la Comuna del Pueblo, el experimento social de Mao creado en la campiña durante el momento del Gran Salto Adelante que tuvo lugar a fines de los cincuenta. Para quienes se sienten más inclinados a los movimientos revolucionarios, alude también a la Comuna de París, el breve gobierno socialista que rigió la Ciudad Luz por dos meses en la primavera de 1871. Por cierto, la ironía no se le escapa a la elite adinerada, muchos de cuyos miembros crecieron bajo el credo anticapitalista de Mao, para terminar convirtiéndose en la clase que dicta las reglas de la economía china en la actualidad.

Antes que nada, el estilo de vida de La Comuna —en el sentido de "comunión con la naturaleza", adopta la filosofía de Walden, predicada por trascendentalistas de la talla de Henry Thoreau y Ralph Waldo Emerson. La imagen simbólica de la vida en soledad, rodeada por la naturaleza en estado silvestre, fue inmortalizada en el *Walden* de Thoreau, y la obra no ha dejado de ser un elemento central de la cultura estadounidense a más de un siglo de haberse escrito. A pesar de la imagen atenuada de la vida sencilla que ofrece La Comuna, lo que más se destaca reside en su arquitectura innovadora y diseño creativo que se funde con el paisaje. Las casas, dispersas por las empinadas pendientes del silencioso valle, enmarcan panoramas espectaculares del sinuoso paisaje y de la vista oeste de la Gran Muralla. En agudo contraste con la modernidad de cada casa se abre la

* Localidad de vacaciones y/o casas de fin de semana ubicada al este de Long Island, por lo general prerogativa de la clase adinerada residente en Nueva York [N. de la T.]

intensa belleza natural del lugar. La Gran Muralla aparece y desaparece a lo largo de las cumbres y alrededor de los límites del valle de Shuiguan. Un camino serpenteante conduce hacia las entradas para automóviles en pasajes sin salida, en medio de un trazado suburbano bien conocido, diseñado por Rocco Yim de Hong Kong.

La arquitectura de La Comuna es un guiño solapado al pensamiento revolucionario que subyace al modernismo del siglo XX, con su énfasis en la funcionalidad, y el "diseño para vivirlo" promovido por arquitectos modernistas como Le Corbusier, un suizo famoso por sus masivos edificios de apartamentos, semejantes a inmensas cajas. En una nota de tapa publicada en el ejemplar de septiembre de 2004 de *Beijing This Month*, Zhang expresa su confianza en el enfoque arquitectónico experimental de SOHO China, y llega a predecir que "China va a tener su propio Le Corbusier".

La pasión de Zhang por el arte y la arquitectura forma parte indisociable de la singularidad que caracteriza al proyecto de La Comuna. Las casas llevan el tipo de nombre naturalista y romántico que era de esperarse: Voladizo o Casa Roja, Los Gemelos, Casa de la Floresta, Casa Dividida, Muro de Bambú, Patio Deformado, Casa Maleta, Casa Moblaje, Casa Ver y Ser Visto, Aeropuerto, y Casa Compartida. Cada una posee una personalidad propia: contemplativa, reservada, etc. Un ejemplo de la primera es la Casa de Bambú.

Ricky Burdett, profesor de arquitectura y urbanismo y director fundador del Programa para las Ciudades (un centro de enseñanza e investigación que explora los lazos entre el diseño urbano, la arquitectura y la sociedad urbana) de The London School of Economics (LSE), quedó tan impresionado luego de su visita a La Comuna en junio de 2002, antes de que el proyecto estuviera terminado, que se sintió "parte de una campaña de relaciones públicas, seductora y bien orquestada". En el ejemplar de enero de 2003 de *DOMUS*, revista de arquitectura y diseño de Milán, escribe que "como obra arquitectónica, La Comuna presenta una colección de estructuras ecléctica e intrigante, de calidad e impacto irregulares, que ofrece un extraño perfil del potencial expresivo de la arquitectura contemporánea en una época de inéditos cambios sociales dentro de la economía asiática de crecimiento más rápido".

En la parte más elevada del valle se encuentra la Casa Dividida de Yung Ho Chang; como lo indica su nombre, presenta dos casas simétricas unidas por un puente de cristal. Concebida como un volumen único escindido en dos zonas, la residencia se afirma sobre un terreno accidentado por medio de terraplenes, explotando las perspectivas angulares que se abren hacia los bajos del valle. La parte trasera conforma un patio generoso, dotado de un paisaje mínimo y enmarcado por la densa y escarpada vegetación natural y la sobria arquitectura de las fachadas. Instalando la puerta principal y el vestíbulo con pisos de cristal sobre una pequeña vertiente que proviene de un manantial en las colinas situadas más arriba, Chang enfatiza "el sentido de la existencia entre ríos y montañas"[48]. Con una superficie aproximada de 450 metros cuadrados, la casa consta de una sencilla estructura de madera con tradicionales paredes de arcilla, construida para minimizar el gasto de energía corporal, y se ha convertido en el epitome de la visión de Chang acerca de la nueva arquitectura china, donde se equilibran los elementos tradicionales y contemporáneos.

Muro de Bambú, diseñada por el arquitecto japonés Kengo Kuma, concilia las tradiciones chinas en materia de construcción, las configuraciones propias de Japón, y el sentido del espacio neomiesiano*. Ubicada sobre una angosta saliente, la casa representa la ambición de Kuma de lograr que "la delicadeza de la construcción se integre a la delicadeza intrínseca del paisaje"; de ahí que haya escogido el bambú como elemento principal[49]. El centro contemplativo de la casa, con un patio abierto que

* Alude a Mies Van der Rohe, arquitecto estadounidense nacido en Alemania, creador del llamado Estilo Internacional [N. de la T.]

mira al oeste y biombos de bambú suspendidos sobre el agua, fue modelado con base en la tradicional galería japonesa, estableciendo un diálogo exitoso entre lo natural y la obra del hombre; un "intercambio entre la cultura y la tecnología que brinda la oportunidad de alcanzar la percepción compartida de la delicadeza"[50]. En este patio es posible sentarse en cuclillas y saborear té mientras se admira el paisaje, con una vista que abarca la mayoría de los otros edificios de La Comuna.

La Casa en Voladizo de Antonio Ochoa emula, en rojo, el heroico volumen del estilo neo-Le Corbusier. Jugando con la interacción de los espacios interiores y exteriores, quedan representados el "Yin" y el "Yang". El primero, porque su concepción es invernal y también posee una cualidad cerrada y femenina, realzada por las sombras. El segundo, porque se abre al paisaje de un modo no frecuente en la arquitectura china tradicional —que asume una actitud defensiva, aislándose del mundo exterior detrás de sus muros— confundiéndose con la luz, y adquiriendo así un carácter masculino. Ochoa sitúa su casa entre árboles y rocas, alta y altiva, con un interior semejante a una dama en tanto erótica, sensual, cálida, encantadora, suave, eficiente, y racional[51]. La casa enfatiza vistas de la Gran Muralla e incluye un amplio pórtico donde es posible sentarse en una tina de agua caliente o disfrutar de un asado[52].

Ver y Ser Visto, diseñada por Cui Kai, el arquitecto chino con mayor peso en SOHO New Town, debe su nombre a la idea de que la gente va a las montañas para contemplar el escenario que la rodea. Dentro de La Comuna, la casa está orientada hacia los panoramas que ofrecen el norte y el noreste. El comedor y la sala de estar, elegantes y conectados entre sí, se erigen sobre una terraza a desnivel, lo cual da la impresión de que estas habitaciones "se agazapan" en un soto arbóreo, creando el ambiente perfecto para reuniones sociales[53].

Hemos elegido estas casas para que el lector paladee el sabor de La Comuna, llamada por el *International Herald Tribune* "el moderno y estético estilo chino"[54]. La Comuna lleva la arquitectura china junto con los arquitectos asiáticos al escenario mundial. En 2002 fue el primer proyecto chino importante exhibido en la Bienal de Venecia, y obtuvo uno de los tres premios mayores. Zhang recibió un galardón especial, el León de Plata, otorgado a personas individuales que patrocinan obras arquitectónicas, en mérito a su "audaz iniciativa personal, que pone en primer plano el rol de doce arquitectos asiáticos que construyen residencias privadas con un estilo decididamente contemporáneo".

Hace ya más de un siglo que la Bienal de Venecia se constituyó en una de las instituciones culturales más prestigiosas del mundo. Desde su fundación en 1895, se realiza cada dos años, y representa el foro crítico más importante para las artes visuales contemporáneas. Estuvo presente en la vanguardia, promoviendo nuevas tendencias artísticas y organizando eventos internacionales; se ha comparado la importancia que reviste para las artes visuales con lo que Cannes significa para el cine y las Olimpíadas para el deporte. Reúne en su seno el Festival Cinematográfico Internacional, la Exposición Internacional de las Artes, y la Exposición Internacional de Arquitectura, además de continuar con la gran tradición del Festival de Música y Teatro Contemporáneos, ahora complementado por el Festival de Danza Contemporánea. La sección correspondiente a las obras de arquitectura se inauguró en 1980, aunque a partir de 1975 ya se habían incluido algunas exposiciones dentro de la sección dedicada a las Artes.

El jurado de 2002 estuvo integrado por Terry Riley, curador en jefe de Arquitectura y Diseño del Museo de Arte Moderno (MoMA) de Nueva York, y por Richard Koshalek, presidente del Colegio de las Artes de Diseño de Pasadena y director emérito del Museo de Arte Contemporáneo de Los Ángeles, mientras que ese año la Dirección de la Bienal quedó a cargo de Deyan Sudjic, rector y profesor del Departamento de Arte, Diseño, y Arquitectura de la Universidad de Kingston, Reino Unido. En una reciente entrevista por e-mail, expresó que estaba encantado de haber tenido la oportunidad de entregar el León de Plata a Zhang, por "su muy destacado papel en operar las transformaciones conceptuales de la arquitectura china contemporánea, y la forma en que el mundo concibe a China en la actualidad". Agregó, además, que "el patrocinio ejercido por SOHO fue valiente, original, y genuinamente imaginativo".

Zhang, disfrutando de la gloria que el reconocimiento internacional le ha deparado, se vuelve filosófica. "Dado que la arquitectura sobrevive a los arquitectos, trato de indagar si la nuestra resistirá la prueba del tiempo", dice en el momento de aceptar el Premio Mont Blanc Arts Patronage 2004 que le fuera otorgado en mérito a sus esfuerzos por promover la arquitectura contemporánea en Asia. Dicha distinción fue creada en 1922 por la Fundación Alemana Mont Blanc para las Artes y la Cultura, con el propósito de recompensar a artistas de fama mundial cuyos logros y compromiso merecen una mayor difusión. En los últimos diez años, fue recibido por casi cien artistas de diez países, y en 2004 treinta artistas destacados, provenientes de diez países y/o regiones, seleccionaron a Zhang como merecedora del premio.

Inaugurando su primera colección permanente de China, el Centro Pompidou de París exhibe una maqueta de La Comuna, realizada en cartón y madera. Para ilustrar su idea, Zhang compara la Gran Muralla con la Torre Eiffel: "La Gran Muralla captura un momento y una época en la que era posible movilizar ingentes cantidades de trabajadores, todos ellos mancomunados en la construcción de un imperio único. La Torre Eiffel personifica lo que se encontraba disponible en su propio momento histórico". También hace hincapié en "el poder del hierro; el poder de la estructura". Alguien con experiencia en la industria de bienes raíces declara con admiración que "la ventaja de Zhang Xin consiste en que su visión va más allá de la de otros empresarios inmobiliarios. Ella se encarama en los hombros de los talentos de la arquitectura para llevar su mirada al panorama arquitectónico del mundo"[55]. Su estilo de diseño es "vanguardista y alternativo.

Descubre talentos y dirige personalmente sus propias teorías. Todas estas notables cualidades no sólo le han permitido alcanzar la prosperidad económica en el mercado inmobiliario, sino que le han ganado el reconocimiento general por su descubrimiento de jóvenes arquitectos singularmente dotados".

Es innegable que Zhang Xin y SOHO China han dado pasos gigantescos en el ámbito de la arquitectura. En lo que se refiere a los aspectos comerciales, el modelo financiero de La Comuna fue tan innovador como la arquitectura empleada. Con posterioridad al premio obtenido en la Bienal de Venecia 2002, La Comuna se convirtió en un símbolo de las aspiraciones culturales chinas, y Zhang decidió exhibir su proyecto a nivel internacional. El restaurante del *clubhouse* ha sufrido algunas alteraciones: no hace mucho contrató a varios chefs regionales de primera línea, incluyendo a quienes podían ofrecer platos cantoneses, especialidades de Sichuan, y el mejor pato pequinés de la zona de Beijing.

En 2001, Zhang y Pan habían decidido poner en marcha el proyecto dividiéndole en etapas, un enfoque inteligente que equilibraba los aspectos culturales y comerciales. La inversión inicial de 24 millones de dólares, distribuidos entre un hotel de lujo, residencias vacacionales, y exhibición, se proponía satisfacer las necesidades residenciales así como los intervalos de ocio de los empresarios de Beijing. A lo largo de los años venideros, cinco de las once casas planeadas en principio habrían de ser reproducidas y ensambladas en los valles vecinos. En tanto los precios se mantengan, el costo de las unidades bajará, asegurando así un retorno neto del capital de inversión inicial. A pesar del plan original, que contemplaba la venta de las unidades a particulares, luego de que las residencias fueran premiadas en la Bienal de Venecia 2002, Zhang optó por conservarlas a modo de vitrinas contemporáneas para "inspirar nuevas formas de arquitectura china"[56].

Entre las expresiones de disenso respecto a su obra, el periódico izquierdista *Beijing Youth Daily* subraya que nadie querría vivir en casas tan "poco prácticas" como las que componen La Comuna. Sin embargo, esta crítica pierde de vista la cuestión principal. Desde que La Comuna se inició en Octubre de 2002, cumpliendo el doble rol de museo semi-arquitectónico y de hotel cuyas características y servicios altamente especializados permiten que los huéspedes puedan acceder a lo que un arquitecto llama "una experiencia de la arquitectura contemporánea de avanzada", se ha convertido en un lugar imprescindible para visitar en China. Asimismo adquirió popularidad por los eventos y retiros corporativos que allí se realizan, especialmente por elección de las compañías de bienes suntuarios, vendiendo estilo a quienes imponen las tendencias de la moda en los diversos campos. Porsche celebró allí una fiesta, Hennessy Cognac conmemoró su aniversario número 200 con un festejo en el hotel. Los visitantes tienen la posibilidad de paladear un martini rodeados por la angulosa arquitectura mientras contemplan la puesta del sol detrás de la Gran Muralla. La combinación entre el característico sabor chino/asiático y el estilo modernista convierte el lugar en una atracción irresistible para el *jet-set* internacional. En 2004, *Condé Nast Traveler* incluyó el hotel entre los "100 hoteles más excitantes del mundo", y en 2005 la *Tatler Travel Guide* lo ubicó entre los "10 mejores hoteles con servicios altamente especializados".

El status simbólico de La Comuna recibió una convalidación adicional en agosto de 2005, cuando los Hoteles y Complejos Recreativos Kempinski, la compañía europea más antigua que administra hoteles de lujo y una de las diez gerenciadoras hoteleras de mayor importancia en el mundo, se hizo cargo de la administración del hotel. La prestigiosa cartera que maneja comprende alrededor de cien lujosas propiedades en Europa, Medio Oriente, Asia, y América del Sur, entre los cuales sobresale —en Abu Dhabi— el Palacio de los Emiratos, el hotel de "ocho estrellas" más lujoso del mundo. Yves Wencker, recientemente designado gerente de Kempinski, se muestra optimista: "Queremos llevar el hotel a un público más amplio". En el verano de 2005, la tasa de ocupación de La Comuna alcanzó el 50 por ciento. "Le ha ido muy bien a comparación de temporadas anteriores, pero en el mundo no existe nada parecido a este lugar, y queremos que más gente lo conozca"[57].

Kempinski también se propone supervisar una importante inversión en treinta y siete residencias, construidas a imitación de los diseños de La Comuna. Dentro del rubro hotelero, piensan dividirlas en suites y habitaciones individuales, para así transformar la idea de que La Comuna no sólo se encuentra al alcance de las celebridades internacionales, sino que también puede constituir una opción para el mercado de turismo masivo que visita la Gran Muralla. Habrá muchísima demanda, dado que hasta el presente existe escaso alojamiento cercano al histórico lugar.

Muy poco después del éxito alcanzado por La Comuna, SOHO China inauguró Jianwai SOHO, otro complejo multiuso situado en el distrito comercial de Beijing, en el solar donde una vez se irguió una fábrica gigantesca perteneciente al estado. El nuevo proyecto comprende dieciocho torres residenciales, dos dedicadas a oficinas, cuatro residencias de cuatro pisos, y tiendas minoristas. En este caso, Zhang y SOHO China se mostraron algo más audaces: apostaron a un diseño moderno, alejado de la tipología china, y a la vez aceptable para su comercialización a consumidores chinos.

Hablando del complejo de apartamentos, oficinas, y espacios compartidos, Zhang dice que "cuando pensamos en el nuevo proyecto, sentí que debíamos apuntar a construir un vecindario"[58]. El lugar es tan imponente que incluye dieciséis callejuelas para conectar los distintos edificios. Hay galerías, jardines, y bancos en las calles, todo ello libre de muros. Zhang explica que la inspiración para el diseño de las calles "provino de que, en muchas grandes ciudades, se han trazado arterias comerciales en áreas céntricas: así sucede en Soho, Nueva York; Covent Garden , Londres; y St. Germain, París", donde la gente "tiene la oportunidad de salir a pasear, comer, y gozar del panorama y de la diversidad humana". Cree que "Beijing necesita este estilo de vida cosmopolita, diferente de la cultura de los centros comerciales. Esperamos que, al menos en parte, Jianwai SOHO satisfaga esta necesidad"[59].

Zhang le encomendó la obra al arquitecto japonés Riken Yamamoto, quien le fuera presentado por Yung Ho Chang. Los conceptos de diseño de Yamamoto han absorbido la influencia de las antiguas ciudades imperiales islámicas construidas en Marruecos y Argelia, entre otros lugares. El arquitecto encuentra que estos emplazamientos medievales, que datan de los siglos VIII al XII, poseen "todo lo que nuestras ciudades han perdido. No se trata sólo del entrecruzamiento de las calles. Todo se cruza con todo: pasadizos, plazoletas, bebederos públicos y arterias comerciales conduciendo al caminante, por ejemplo, a una mezquita, sin que éste lo advierta por anticipado. No constituyen meros espacios destinados a la circulación; están cubiertos de casas. Saliendo de una vía tan angosta que dos personas pasan con dificultad si lo hacen al mismo tiempo, se desemboca en una plaza donde se atan los camellos"[60].

La "ciudad-célula" —la filosofía del diseño sostenida por Yamamoto— habla del rol y las funciones que cumplen los edificios en la vida de una ciudad. No se reduce a un espacio que aloja a edificios y personas, sino que es un sitio orgánico, adaptable, e interconectado. La ciudad posee un fuerte sentido de identidad; es un ser palpitante con formas arquitectónicas individuales que se relacionan al azar[61]. Según la postura de Yamamoto, dichos elementos reflejan la composición orgánica de la vida. Sus ideas se tradujeron en el diseño de Jianwai SOHO, articulando las necesidades de una sociedad que atraviesa una transformación histórica al tiempo que vive la realidad de las necesidades de viviendas privadas seguras planteadas por una capital moderna.

El diseño minimalista y ultramoderno de Yamamoto, con sus pisos claros de maderas duras, puertas corredizas, y un conjunto donde predomina el blanco puro enfatiza la fuerza de lo que resulta atractivo a la vista. Pero el hecho de que Zhang haya elegido el minimalismo no es producto de la casualidad. Antes de emprender el proyecto, había llevado a cabo un estudio cuidadoso del panorama ofrecido por las nuevas empresas constructoras del país, sin haber encontrado un estilo arquitectónico reconocible, sino una mezcolanza de estilos disímiles, cuyos trazos habían sido tomados de épocas y países diversos. Por ejemplo, no era raro encontrar un edificio de corte neoclásico junto a otro de estilo moderno estilo internacional, no lejos de otros que conservaban las líneas de las pagodas chinas. La mayor parte de los edificios ostentaban pesados elementos decorativos en su lucha por atraer la atención, buscando explotar su potencial de convertirse en un nuevo hito. Zhang pensaba que el diseño minimalista, con sus refrescantes efectos visuales, podían resaltar entre el montón. Así, se propuso que Jianwai SOHO fuese moderna, extranjera, y futurista —el estilo que sería del gusto de los nuevos ricos y de la clase media alta china por igual, en su afán por hacer gala de su fortuna y status viviendo al estilo de Nueva York, París, o Londres en la nueva modernización cosmopolita de la metrópolis.

"Construye una trampa para ratones de mejor calidad y el mundo se abrirá paso a empellones hasta tu puerta". Quizá estas palabras debidas a la pluma de Ralph Waldo Emerson sean las que mejor capturen la esencia del éxito espectacular de Jianwai SOHO. Fue una astuta decisión comercial que reportó generosos beneficios a sus constructores. En 2003, las ventas generadas por Jianwai SOHO proporcionaron a la compañía 3,3 billones en moneda china (casi 400 millones de dólares), suma récord en ese año para un único proyecto inmobiliario. El total de las ventas realizadas en 2004 superó el billón de dólares[62]. En términos aproximados, el metro cuadrado de Jianwai SOHO se vende a unos 2.000 dólares, y los apartamentos miden entre 70 y 200 metros cuadrados. A modo ilustrativo, un apartamento de dos dormitorios y 140 metros cuadrados cuesta alrededor de 280.000 dólares. Unos tres cuartos de los residentes de SOHO son chinos; la gran mayoría no pasa de los 35 años, y muchos se han educado en el exterior y trabajado en negocios, finanzas, publicidad y tecnología de punta[63]. Según un informe acerca de Jianwai SOHO publicado por la compañía, el 54 por ciento de las ventas efectuadas en 2004 tuvieron como destinatarios a chinos adinerados de otras provincias, el 28 por ciento a residentes de Beijing, y el 18 por ciento restante a compradores extranjeros. La empresa informó de un hecho interesante: el 40 por ciento de los compradores se componía de 180 personas que adquirió, en promedio, propiedades por valores que superaban los diez millones de dólares.

Jianwai SOHO ha contribuido a que SOHO China se convirtiera en sinónimo de éxito comercial en el floreciente mercado inmobiliario chino. El folleto de ventas ensalza a Jianwai SOHO como al epítome del principio de simplicidad y precisión. Zhang recibió elogios por haber introducido el minimalismo arquitectónico en China, bajo la influencia palpable del arquitecto germano-estadounidense Mies van der Rohe, principal exponente del Estilo Internacional. Su enérgico axioma "menos es más" se convirtió en el mantra de los empresarios inmobiliarios chinos treinta años después de haberse extendido por el mundo. En cierto modo, el desarrollo de la arquitectura urbana moderna refleja los profundos cambios económicos que tuvieron lugar en el país.

El éxito extraordinario de SOHO China, sumado al reconocimiento internacional y a la creciente visibilidad de la arquitectura moderna por la que aboga Zhang han captado la atención de arquitectos y críticos de todas partes. Para William Pedersen, Director de Diseño del estudio de arquitectura posmoderna Kohn Pedersen Fox Associates (KPF), la ingeniosidad china recién comienza a desencadenarse sobre sus ciudades. "Imaginen lo que va a ocurrir en China cuando toda la energía creativa desplegada por estos increíbles empresarios se libere por completo", declara a *Newsweek* en octubre de 2003, y agrega: "Resulta obvio que esta energía se va a expresar en las artes y en la arquitectura". KPF diseñó el edificio que tal vez resulte ser el más alto del mundo: el impresionante Centro Financiero Mundial de Pudong, Shangai, planeado para elevarse hasta los 1.509 pies de altura en 2008.

Mientras tanto, los críticos han vociferado su oposición a lo que consideran la adopción masiva de elegantes torres y edificios de apartamentos que casi no presentan diferencias con los de otras ciudades del mundo. La rápida expansión de Beijing, que alberga a unos 14 millones de habitantes, no puede menos que cortar la respiración. En opinión de los más conservadores, Beijing está "firmemente resuelta a modernizarse", sin que le preocupe preservar su historia. En septiembre de 2003, el periódico británico *The Guardian* informa que "a medida que se levantan más edificios, un número cada vez mayor de residentes de los patios es trasladado a edificios de propiedad horizontal situados en los suburbios". Algunos "intentan resistir, pero tanto sus peticiones como las decisiones judiciales procedentes son ignoradas por las poderosas empresas constructoras" y por las autoridades. Para las empresas, los viejos edificios carecen de todo valor, aunque la tierra es preciosa. Liu Xiaoshi, arquitecto de fuste y ex miembro de la Oficina de Planeamiento Urbano de Beijing, declaró que "sólo desean la propiedad original que ocupan, pero los nuevos edificios no pueden sustituir la cultura y el espíritu de aquellos que vienen a reemplazar".

En el ejemplar del 28 de agosto de 2005, el *New York Times* manifiesta su preocupación acerca de la "viabilidad de vivir en Beijing" en medio del masivo esfuerzo emprendido por la industria de la construcción con miras a las Olimpíadas del verano de 2008. "La mala planificación de las décadas pasadas ya se ha convertido en una cuestión que avergüenza a la ciudad", declaró Wang Jun, cuyo bestseller *The Story of a City* documenta la demolición de muchos de los vecindarios *hutong* de la ciudad, esos enclaves antiguos, densamente poblados, con sus características calles serpenteantes y casas en los patios a punto de derrumbarse. De esta sacudida modernizadora emerge un patrón arquitectónico equivalente. Zhang cree que la urbanización de Beijing es "única".

"Por una parte se encuentra el estilo de la Rusia comunista, con sus anchos bulevares y la Plaza de Tiananmen; por la otra, la Ciudad Prohibida. Hacia el este se extienden todos estos edificios vanguardistas, y está todo mezclado. Inclusive en ciudades como Delhi o París hay partes nuevas y partes viejas. Pero aquí todo está junto. El caos y la mezcla son los rasgos definitorios de Beijing"[64].

En la entrevista que concedió a *Business Week*, Yung Ho Chang retomó el tema: "El nuevo perfil de China no se relaciona con rascacielos en forma de pagoda. Más bien tiene que ver con edificios que afectan el diario vivir de las personas"[65]. Históricamente, el mundo entero ha asociado la noción de "chino" con lo tradicional, en contraste con lo moderno que evoca el concepto de "occidental". Chang sostiene que "comenzamos a ver que no es necesario que ambas ideas permanezcan divididas o contrapuestas, por eso, durante los tres últimos años venimos trabajando en la reinterpretación de la esencia de las formas arquitectónicas chinas".

A pesar de lo que se diga, hay muchas esperanzas depositadas en las Olimpíadas de 2008, ocasión en que la ciudad actuará como anfitrión oficial. Las autoridades municipales de Beijing dan prioridad a la modernización antes que a la conservación. Los Juegos Olímpicos han impulsado algunos de los proyectos inmobiliarios más ambiciosos, y Beijing es el destino *de rigueur** de las celebridades del campo de la arquitectura.

El CCTV CG de Koolhaas es uno de más de 300 edificios por construirse en el Nuevo Distrito Central de Negocios, la flamante área céntrica de Beijing. Los arquitectos suizos Jacques Herzog y Pierre de Meron, ganadores del Premio Pritzker 2001, diseñan el Estadio Olímpico, que estará contenido en una "pajarera": una red de acero curvo cuyos radios se entrecruzarán elegantemente para abrirse en el medio, irradiando un haz de luz blanca sobre la ciudad.

---

* En francés en el original [N. de la T.]

Para cualquiera que posea un mínimo de comprensión acerca de la China, Beijing no significa un mero centro político; es también el corazón cultural del país que, además, se ha convertido en la "ciudad en construcción" más popular del mundo. Zhang Xin y SOHO China están en el lugar apropiado en el momento correcto.

Fotografías

Zhang Xin

Casa de Bambú, La Comuna junto a la Gran Muralla
Arquitecto: Kengo Kuma (Japón). Estructura: Acero/hormigón

Casa Maleta, La Comuna junto a la Gran Muralla
Arquitecto: Gary Chang (Hong Kong). Estructura: Acero/hormigón

Casa Dividida, La Comuna junto a la Gran Muralla
Arquitecto: Yung Ho Chang (China). Estructura: Madera/tierra apisonad

Interior de la Casa Dividida, La Comuna junto a la Gran Muralla
Arquitecto: Yung Ho Chang (China).
Diseñador del mobiliario: Matthew Hilton (Reino Unido)

SOHO New Town, Beijing

Interior del edificio de SOHO New Town

El regreso a China

*The times they are a-changin'.**

—Bob Dylan

Bob Dylan escribió esta canción allá por los sesenta, cuando Zhang crecía en la China de Mao, pronto sumergida en la Revolución Cultural. Cuatro décadas después, la política no es lo único que cambia en China; también se renuevan las generaciones de los líderes comerciales. En 1980, año en el que Zhang abandonó su país, lo hizo en busca de la oportunidad de un futuro mejor. Pasados quince años, regresó exactamente por la misma razón. China, por un giro del destino, es ahora tierra de oportunidades. Por una parte, el regreso de Zhang traduce la inmensa transformación que se produjo en el país a lo largo de los últimos veinticinco años; por la otra, en lo personal, su viaje cristaliza el fenómeno que representa el hecho de que una

* *Los tiempos están cambiando.*

inteligente camada de chinos que residían en el extranjero reconozcan el ritmo y la escala del desarrollo económico que les permitirá satisfacer sus ambiciones.

Según Erik Eckholm, ex jefe de redacción del *New York Times* entre 1998 y 2003, "el retorno de los talentos" corona los recientes desarrollos producidos en China[66]. Desde los ochenta, muchos de los estudiantes chinos que tomaron parte en el gran éxodo permanecieron en el Occidente a causa de la abundancia de oportunidades que se les ofrecían, tanto en el mundo de los negocios como en el ámbito académico. Sin embargo, desde hace unos años, un número significativo de profesionales nacidos en China han regresado, atraídos por el pasmoso crecimiento económico del país, con la esperanza de encontrar una vía más rápida para concretar sus ambiciones. Eckholm señala que esta tendencia no está firme todavía, en el sentido de que aquellos que han obtenido la residencia permanente o la ciudadanía en los Estados Unidos se aferran a ese status tan codiciado mientras prueban suerte en su nación de origen.

Vista desde la posición estratégica de las comunidades chinas residentes en el extranjero, la evidencia anecdótica indica que ha habido un flujo constante de repatriados a partir de mediados de los noventa. En parte, ello se debe a cambios en las políticas implementadas por el gobierno chino. Desde 1992, China ha venido adoptando una actitud mejor informada. Una de sus políticas, "la libertad de entrar y salir", promete a los repatriados el derecho a salir del país si regresan y luego deciden no quedarse. También se les permite instalarse en los lugares de su elección, y no necesariamente donde nacieron y crecieron. A través del prisma del presente, tal vez no parezca gran cosa; sin embargo, antes de que China ingresara a la OMC en 2002, dicha política constituyó un paso importante para la liberalización de un mercado laboral intelectual cuya tradición se basaba en controles muy estrictos y muchas prohibiciones[67].

Hacia mediados de la década de los noventa, Beijing lanzó una campaña de subsidios e incentivos financieros con el propósito específico de atraer a los chinos residentes en el exterior para que ayudaran a acelerar el proceso de las reformas económicas. El gobierno asimismo implementó políticas que favorecieran la llegada de capitales para la instalación de empresas con tecnología de punta. A modo de ejemplo, en ciudades como Beijing, Shangai, o Shenzhen, se alentaba a los repatriados a ocupar solares en parques científicos, construidos por el gobierno local a fin de aliviar la pesada carga impuesta por las restricciones regulatorias. En 2003, China contaba con más de 110 parques industriales y tecnológicos preparados para ayudar a quienes regresaban a iniciar sus actividades. En total, llegaron más de 6.000 empresas, que generaron ingresos por una suma mayor a los 4 millones de dólares, según estimaciones del Ministerio de Personal.

En consecuencia, lo que al principio fue un delgado chorro de repatriados devino en una gigantesca marea que se elevó más allá de todas las expectativas. Según el Ministerio de Educación de China, entre 1978 y 2003 más de 700.000 estudiantes y académicos chinos dejaron el país para estudiar en otros, y cerca de 173.000 regresaron a trabajar. En 2003 solamente habían retornado 20.100, alcanzando un récord que representa un incremento del 12,3 por ciento respecto a 2002. Merece señalarse que dicho incremento puede haberse debido a la combinación entre la depresión económica sufrida por los Estados Unidos en 2002 y la concomitante escasez de puestos de trabajo ocasionada por el malestar económico.

En un sentido más amplio, "el regreso de los talentos" responde a una confluencia de factores endógenos y exógenos. Entre los cambios externos de mayor significación se incluye el increíble fenómeno de la globalización. En este contexto, la inversión del vaciamiento de cerebros, es decir, desde Occidente hacia China, muestra un modelo microcósmico de lo que el economista y sociólogo Richard Florida llama "la nueva competición global por el talento". Florida argumenta que este fenómeno promete una reformulación radical del mundo en las décadas venideras.

En su libro *The Flight of the Creative Class,* plantea que la competición para atrapar talentos "gira alrededor de un eje central: la habilidad de los países para movilizar, atraer, y retener el talento humano creativo".

El cambiante rostro de China ha deparado una suerte singular a todos aquellos que huyeron durante las dos últimas décadas del siglo XX en pos de mejores oportunidades en Occidente, sin cortar el cordón umbilical con su tierra de origen. Si ellos están listos para China, China lo está para ellos. Si se le pregunta a cualquiera que haya regresado de visita a China luego de un intervalo de varios años, le resultará difícil dejar de reconocer que quedó perplejo ante las modificaciones que estaban ocurriendo, especialmente en grandes metrópolis como Beijing y Shangai, con sus nuevos rascacielos, nuevas carreteras, inclusive nuevos aeropuertos. Algunos occidentales observan con un dejo de tristeza que China quizá haya experimentado el florecimiento de la construcción más grande de la historia.

En marzo de 2004, Semeena Ahmad, corresponsal de negocios de *The Economist*, escribe lo siguiente: "La China de hoy no se asemeja en lo más mínimo a la de hace veinticino años. Esta nación comunista parece adherir al capitalismo en todo menos en su nombre". Por cierto, cuando Zhang regresó a China en 1995, se encontró con una tierra de profundas contradicciones. La ideología maoísta convivía lado a lado con un espíritu empresarial que ya había convertido al país en una de las grandes usinas económicas del mundo. Casi tres décadas después de la opresiva Revolución Cultural, durante la cual se condenó el pasado imperial de China por sus características feudales y supersticiosas, los chinos finalmente se desprendieron de la carga emocional y psicológica que los había paralizado para "mirar hacia el futuro con esperanza", según afirma la revista *Time Asia* en un informe especial dedicado a China[68]. A decir de todos, China se encuentra en un estado de tranquilidad que no puede compararse con la situación en que se hallaba una generación atrás.

En términos generales, los repatriados constituyen una bendición para la economía china, que crece de manera firme y constante a la vez que se vuelve más segura. En el 2000, el *Washington Post* clama con entusiasmo: "Ganancia de Cerebros Para China"[69]. Los expatriados, atraídos por préstamos libres de intereses para fines de negocios y reducciones impositivas entre otros incentivos, "llegan al hogar trayendo ideas diferentes, cosechadas en Boston, Paris, y Tokio". De muchas maneras, ejercen una influencia positiva. Contribuyen a fortalecer y globalizar la economía china tendiendo puentes entre los mercados e introduciendo tecnologías extranjeras. Miles de empresarios chinos educados en el exterior se han instalado en zonas de desarrollo y parques de negocios a lo ancho y a lo largo del país, y los científicos han regresado a abrir nuevos centros de investigación en las universidades más prestigiosas del país.

Basta con unos cuantos ejemplos para ilustrar la extensión y el alcance de los talentos que han regresado y triunfado. Se estima que Charles Zhang, un físico graduado del MIT, quien retornó en 1996 para fundar sohu.com, un portal de Internet listado en el Nasdaq, posee una fortuna de 270 millones de dólares[70]. Peggy Yu, con un MBA otorgado por la Facultad de Negocios Stern, de la Universidad de Nueva York, trabajó en Wall Street, en M&A antes de regresar a la patria en 1997 para instalar dangdang.com, la mayor tienda online de libros, películas, y música en idioma chino. Un ejemplar del *New York Times* de 2002 cita a Paul Romer, Profesor de Economía en la Universidad de Stanford, respecto del creciente reconocimiento de que cuando se trata de crecimiento económico, "quienes han recibido una educación relativamente buena y quienes son relativamente creativos adquieren ventajas fuera de toda proporción"[71]. En el caso que nos ocupa, los repatriados no sólo traen tecnología de punta sino también ideas para su administración adquiridas en Occidente.

Los beneficios fluyen en ambas direcciones. El regreso de los profesionales educados en el Occidente se tradujo en una ventaja adicional para los Estados Unidos, según afirma Oded Shenkar, Profesor de Negocios en la Facultad de Negocios Fisher de Ohio State University en su libro *The Chinese Century*. Si bien las estadísticas no están completas, por lo general los repatriados prefieren regresar a trabajar para compañías extranjeras, especialmente aquellas cuyas casas centrales se encuentran en los Estados Unidos y que ofrecen mejores condiciones laborales y beneficios adicionales.

Los ejecutivos occidentales no han dejado de notar el aliciente que significa el enorme potencial de un país de tales dimensiones. "Toda compañía multinacional extranjera quiere estar en China, si no lo está ya, pues si no lo está, los inversores preguntan por qué no", según informa Sameena Ahmad desde *The Economist*. "La sola mención de China basta para elevar los precios de las acciones de muchas compañías extranjeras, al tiempo que las propias empresas chinas se modifican".

Además, después de muchos años de perder dinero en China, muchas compañías extranjeras empezaron a arrojar dividendos. Existe gran demanda de repatriados con títulos obtenidos en el Occidente, dominio del inglés, y experiencia práctica en la sede del capitalismo. "Hasta el momento, China es nuestra mayor área de crecimiento. Queremos que nuestro centro de I&D se encuentre en el lugar de donde proviene nuestro crecimiento más inmenso", declara Johannes van Ort, gerente de Tecnología por Imágenes de General Electric, mientras asiste a una feria de empleos organizada por la Universidad de Harvard en abril de 2003. Según van Ort, la tasa de crecimiento de General Electric en China es de un impresionante 50 por ciento, en comparación con el 10 al 11 por ciento que se produce en los Estados Unidos. Necesitaba ocupar veinte vacantes en el nuevo centro mundial de investigación y desarrollo que la empresa instaló en Shangai. Para 2003, dicho centro espera duplicar su actual planta de personal, en la que ahora trabajan cien personas[72].

Es en el sector financiero donde mejor se percibe el poder logrado por los repatriados. En la actualidad, la mayor parte de los negociantes más poderosos de China integra el grupo de los ricos y políticamente astutos banqueros inversionistas, quienes comparten una historia en común: rondan los 40 años, nacieron en China, fueron criados dentro del comunismo pero educados en el capitalismo cuando, en la década de los ochenta, partieron a estudiar a Occidente, principalmente a los Estados Unidos. Desde que emprendieron el regreso, se desempeñan en roles clave en un número creciente de meganegocios transnacionales. En julio de 2005, el *New York Times* informó que los banqueros de origen chino se han erigido en la fuerza motora de una cantidad de acuerdos globales de elevado perfil. Así ayudan a "transformar la economía china y a reestructurar algunas de las corporaciones más importantes del país"[73], Por ejemplo, Erhfei Liu, de Merrill Lynch, hizo un aporte importantísimo para que Lenovo, el mayor fabricante de computadoras chino, pudiera adquirir el negocio de computadoras personales de IBM.

En la lista de deseos de los repatriados, ocupando un segundo puesto casi sobreimpreso al primero, figura la posibilidad de fundar una empresa propia. Entre los ejemplos del caso se destaca un portal de Internet, una librería online, y una compañía privada del rubro de la educación, para nombrar unos pocos. A muchas de estas personas, el hecho de regresar a su tierra natal luego de haber trabajado mucho tiempo en el Occidente, les permitió situarse en un punto ideal: aquél desde el cual podían "tomarle el pulso" al mercado local. Harvey Chen, ex analista monetario senior de JPMorgan, Nueva York, regresó a Shangai en 2002 con la mirada puesta en el sector financiero. Sin embargo, lo que descubrió fue un enorme mercado, potencialmente virgen, para la educación privada. Supuso que esto se debía a un cúmulo de factores, entre los que se contaban el deseo generalizado de los padres chinos de brindar a sus hijos la mejor educación posible, y la realidad del sistema educativo estatal, donde ya no cabía un alfiler. Las familias chinas suelen gastar más en educación que en otros rubros, exceptuando la vivienda. En consecuencia, a partir de 2002, el mercado de los cursos, libros, y materiales didácticos más que duplicó su nivel, para arrojar la suma de 90 billones de dólares en 2005[74]. Desde aquel primer momento, Chen fundó y asumió la presidencia de la First Light Academy, una institución líder en educación, investigación y asesoramiento en los campos de la economía, las finanzas, la logística y la administración.

El Profesor Shenkar sostiene que la mayor tolerancia desarrollada por China hacia el empresariado significa que, con el paso del tiempo, su impacto va a llegar más lejos y en términos más sustentables que otras economías asiáticas, inclusive Japón. *The Economist* comenta: "Así como los japoneses se desplegaron en abanico después de la Reforma Meiji del siglo XIX, esta moderna generación de empresarios chinos no tiene pruritos al momento de copiar ideas y modelos de negocios dondequiera que los encuentre"[75]. Sus modelos de rol toman en cuenta a Wal-Mart y a UPS, alabados por sus sistemas logísticos de avanzada, y a Amazon.com, al que observan de cerca por sus ideas novedosas en administración de clientes y opciones de entrega de los productos. El éxito increíble de sohu.com y de dangdang.com atestigua el potencial de las empresas Chinas desarrolladas dentro del territorio.

La tercera elección de los repatriados consiste en trabajar en el sector público, por ejemplo, en los ministerios y grupos de expertos que asesoran al aparato estatal. El Profesor Shenkar cree que, dondequiera que vayan, "se convierten en embajadores de buena voluntad, y en quienes toman las decisiones. Resulta evidente que están capacitados para comprender mejor la mentalidad estadounidense". Por el contrario, si bien los empleados chinos que nunca abandonaron el país poseen una excelente educación, "tienden a pensar dentro de modelos rígidos antes que creativos, y no confrontan la autoridad ni formulan preguntas"[76].

Queda claro que el ambiente cada vez más propicio de la patria ha comenzado a atraer a los expatriados. Quizá los observadores occidentales, si sólo miran el fenómeno de manera superficial, se sientan tentados a ensayar una explicación sencilla, por no decir simplista, de la joven y prometedora China, sin prestar demasiada atención a lo notable del caso. En mi opinión, un factor importante que no se ha discutido en profundidad reside en el cisma cultural.

Para los estudiantes chinos que viajaron al exterior a fin de capacitarse, la civilización occidental es algo ajeno, misterioso, y por tanto atractivo. Así, un número importante de estos estudiantes, si no todos, se encuentran en cierto modo alienados en la cultura. Ven a los Estados Unidos como a un caleidoscopio que les proporciona la oportunidad de vivir sus fantasías de libertad al estilo occidental y de individualismo romántico sin ser molestados por la presión colectiva ejercida por la sociedad china; pero en el fondo, late el tradicional idealismo chino. Al igual que sucede con muchos otros inmigrantes, sus vidas magnifican las debilidades del nuevo mundo así como las del país que abandonaron. En su muy aclamado libro *Bad Elements*, Ian Buruma observa que, para muchos estudiantes chinos, "el idealismo fusionado con la autopromoción —es ése el estilo estadounidense", y es el que muchos chinos adoptan.

Paradójicamente, aunque sobresalen en la universidad, cuando ingresan al mercado corporativo se sienten inadaptados, por lo menos al principio. Así lo declaró en una entrevista, con total sinceridad, Wei Christianson, CEO de Morgan Stanley China[77]. En parte, ello puede atribuirse a que la mayoría de los estudiantes chinos obtuvieron títulos de posgrado en ciencias y tecnología, con alguna ocasional especialización en las humanidades. Si bien se encontraban muy bien preparados desde el punto de vista técnico, no sucedía lo mismo respecto de la cultura occidental donde vivían. Sentían claramente que estaban fuera de su elemento natural al poseer conocimientos muy limitados de los cánones de la filosofía, la literatura, y la historia de este otro mundo. Muchos estudiantes con los que he hablado admitieron —no sin renuencia— que aunque se sienten protegidos en la buena vida de la clase media estadounidense, no hay momento en el que no perciban que habitan un limbo cultural, en una suerte de "a medio camino" en su pasaje de la corriente principal de una cultura (la china) hacia la extranjeridad en otro país (los Estados Unidos).

Ya sea que hayan recalado en prestigiosos bancos de inversión o en compañías de tecnología de punta, la realidad del *demimonde* cultural lleva a que muchos profesionales nacidos en China y que desarrollan carreras en los Estados Unidos perciban el llamado "techo de cristal". La personalidad arquetípica china deriva de tradiciones culturales arraigadas, que ponen el énfasis en la moderación y en el espíritu colectivo, mientras que los rasgos distintivos del carácter occidental se centran en la asertividad, la franqueza, la confianza, y la independencia. Por ejemplo, la comunicación china suele tomar modos indirectos y evitar la confrontación. En Wall Street, donde el valor de cada uno se mide por los valores del último negocio que cerró, a muchos banqueros chinos no les es fácil adoptar el enfoque agresivo y encarar al contrincante, aún si ya han aprendido a apreciar la virtud de hablar sin rodeos cuando se trata de negocios. Se sienten cada vez más alejados de su ambiente conocido cuando se trata de la política corporativa, sin la cual no hay forma de ascender en la carrera.

Con el tiempo, algunos logran adaptarse bien y se hallan en condiciones de trepar la escalera corporativa, mientras que otros se sienten cada vez menos felices al tener empleos que no les permiten avanzar en su desarrollo intelectual. Peor aún, sienten que sus elevadas ambiciones quedan desbaratadas tanto a causa de las políticas corporativas, como por su propia condición de "extranjeros". Reflexionando al respecto, durante una reciente visita a Nueva York, Harvey Chen, de First Light Academy, Shangai, expresó que muchos de los chinos que trabajan en Wall Street experimentan la dificultad de ascender, y ni qué hablar de llegar a la cima. Pero el rol que pueden desempeñar en China es mucho más importante que el que puedan lograr en los Estados Unidos. Si bien no se sienten plenamente realizados viviendo en el Occidente, dijo Chen con mesura, "es probable que, siendo chinos, en Estados Unidos nos topemos con un techo de cristal"; y agregó, rebosando confianza, "pero en China, el límite es el cielo".

Algunos repatriados también se valen de sus experiencias en la patria como un trampolín para hacer carrera. Steve Orlins, presidente de la organización privada y sin fines de lucro llamada Comité Nacional Para las Relaciones Chino-Estadounidenses, señala que los repatriados "son ascendidos mucho más rápido en China" porque "no se encuentran con barreras culturales o idiomáticas, ya que se trata de su propio país"[78]. Veamos el caso de Qiming Sun, por ejemplo. Antes de regresar a Shangai en julio de 2005 para hacerse cargo de la gerencia regional de Roche Diagnostic para el Asia y el Pacífico, Sun había trabajado durante diez años en el laboratorio de la compañía situado en Palo Alto. Sun no es tímida acerca de sus ambiciones profesionales: deseaba dirigir su carrera por la vía de la administración y la comercialización. En una entrevista concedida a *China Daily*, declara que eligió convertirse en una pionera: "Esto está hecho a mi medida; soy alguien que siempre quiere progresar"[79].

Peter Holmes, uno de los profesores de Zhang en la Universidad de Sussex, Inglaterra, envió hace poco un e-mail en el que comentaba que "es asombrosa la capacidad de adaptación cultural de los estudiantes chinos. Aprenden a encajar en todas partes y a ganar lo necesario para vivir con comodidad, y existen aquellos que se asimilan por completo. En consecuencia, no les es tan difícil arreglárselas para hacer equilibrio con un pie en cada cultura, ayudando así a que la decisión final —ya sea quedarse en el exterior o regresar a la patria— puede conservar total flexibilidad". Y, en determinados casos, la presión de la familia y de la tierra es demasiado fuerte para resistirse a ella.

Muchos de los repatriados que habían hecho un viaje de regreso sólo para evaluar el ambiente quedaron agradablemente sorprendidos al descubrir que el país no sólo les ofrecía mejores oportunidades profesionales, sino que además se sentían en su elemento dirigiendo negocios. Sin embargo, hay otros retos que afrontar; que China todavía es una sociedad "machista" no se encuentra entre los menos graves, Zhang admite en seguida. "A los negociantes locales les resulta más cómodo tratar con mi esposo que conmigo. Además, no me interesa sentarme con hombres que fuman, beben y cuentan historias sucias"[80]. Zhang no se siente pesimista; más bien reflexiona acerca de su propia actitud positiva, tal como está expresada en el antiguo proverbio "Donde fueres, haz lo que vieres".

Instalarse y hacer negocios en China puede resultar una experiencia desconcertante para quienes están acostumbrados a los estilos sistemáticos de Occidente. Después de todo, el ambiente chino de los negocios todavía es un laberinto y, como lo advierte *Business Week,* "el marco jurídico no es confiable, y las reglamentaciones gubernamentales son vagas y a menudo sujetas a caprichos burocráticos"[81]. Las normas locales son tan impredecibles que bien pueden desalentar a los aspirantes a empresarios.

Cada vez más, las oportunidades laborales para quienes regresan al país ya no son tan brillantes en tanto el número de repatriados aumenta año a año. Según un informe de China Central Television (CCTV) emitido en julio de 2005, puede ocurrir que los repatriados inicien su actividad con ventaja pero, por otra parte, se enfrentan a la desventaja de no haber mantenido el contacto con su tierra. Cuanto más tiempo viven en el exterior, más inquietos se sienten al regresar. Otro de los elementos que compone su handicap reside en las crecientes capacidades de los talentos locales criados y refinados en el mercado económico chino. Muchos de ellos tienen largos años de experiencia en el ámbito de las empresas con inversión extranjera, según un informe confeccionado por Hewitt, Consultora en Recursos Humanos[82]. Estos "nativos" están mejor enterados de las cuestiones chinas, y no tienen nada que envidiar a sus iguales "repatriados". Así, muchos de estos últimos deben competir cabeza a cabeza con los talentos locales para obtener los puestos que todos codician.

A ello se agrega que los repatriados enfrentan la poco lisonjera idea de que son oportunistas, alimentada por el hecho de que muchos de los que regresan son muy jóvenes e inexpertos. Los talentos locales se quejan de que los repatriados tienen planes a corto plazo: lo que quieren es hacerse ricos rápidamente, no construir un negocio sostenible. He aquí la observación hecha por el gerente de reclutamiento de una empresa: "Muchos de ellos carecen de toda experiencia de trabajo en China, de modo que no conocen bien el mercado local. Suelen exigir salarios elevados y se muestran renuentes a comenzar a un nivel bajo"[83]. Sin embargo, así como tantos repatriados aprendieron a adaptarse a la cultura occidental cuando vivían en el exterior, la misma experiencia tiene que servirles para regresar al país. Al fin y al cabo, todo se reduce a las aptitudes en juego. "La supervivencia del más apto" también se aplica a la jungla china del mercado.

En términos de lo social, muchos repatriados se están percatando del lado oscuro de la rápida transformación en cuyo proceso China dejó de ser una estructura social igualitaria de economía planificada y se convirtió en rica actora dentro del mercado global, acercándose cada vez más a las normas que miden el éxito y el respeto. Es verdad que hay quejas generalizadas acerca de la corrupción y la alarmante desigualdad entre ricos y pobres. Muchos han aprendido a ser realistas, absteniéndose de intervenir en cuestiones políticas y sociales, y concentrándose en su trabajo.

No es de extrañar que el fantástico éxito de Zhang provoque cierto cinismo en algunas facciones de la comunidad china residente en el extranjero. Tal como lo señala Ian Buruma, la suspicacia mutua es una enfermedad latente en la diáspora. Hace poco, yo llevé a cabo una encuesta por tanteo, y descubrí la existencia de un desequilibrio asombroso entre la posición estelar que Zhang ocupa dentro de la prensa occidental y la poca visibilidad de la que goza en su comunidad profesional. Los cínicos la miran con envidia: tienen celos del éxito que alcanzó en China, y al mismo tiempo lo desdeñan, considerándolo una señal de que le faltó capacidad para adaptarse a los Estados Unidos, cuando no dicen que de trata de una admisión de fracaso lisa y llana para construir allí su vida.

Este tipo de persona suele mirar con escepticismo a quien sueñe con "pasteles en el cielo", una actitud que se opone a resignarse a llevar una vida tediosa de clase media estadounidense. Su enfoque no hace más que reflejar las dificultades de la situación en que ellos mismos se encuentran. Resulta irónico que esta generación —la llamada "generación perdida"— de mente cínica esté compuesta por los idealistas que crecieron en China y que despertaron la envidia de sus pares al trasladarse al exterior, obtener los mejores posgrados, y sentirse convalidados por sus éxitos académicos. Sin embargo, en cuanto empiezan a desarrollarse profesionalmente, invariablemente terminan por descubrir que, ni mental ni psicológicamente, se encuentran preparados para dominar el arte de la movilidad en ascenso. Viven en una época de disonancias, y sus esfuerzos se estrellan contra la acumulación de frustraciones.

Sea cual sea el criterio que se utilice para medirlo, algunos verdaderamente han accedido al "sueño americano". Su trabajo profesional está muy bien remunerado, poseen un hogar en los suburbios donde habitan con sus niños... Sin embargo, si se les preguntara, muchos admitirían sin ambages que la única razón por la cual permanecen en los Estados Unidos es por el bien de sus hijos, mientras que pronuncian frases ambiguas respecto de su disociación cultural y estancamiento profesional. En otras palabras, subliman sus anhelos de éxito trasladándolos a la crianza y educación de su descendencia.

Si puede decirse que las barreras impuestas por el lenguaje y la cultura, unidas a una imagen de sí mismos levemente negativa, son culpables de la crisis profesional de estos chinos, la falta de claridad moral y una aguzado sentido de la oportunidad evidencian las luchas de muchos otros. En la superficie, estos últimos a los que aludo parecen haberse "norteamericanizado" más que los del primer grupo. A ellos, la idea de poder elegir su propio estilo de vida les resulta tan liberadora e imperiosa que desplaza a otras luces que nos sirven de guía en la existencia. Tal vez no resulte sorprendente encontrar al chauvinismo cultural defraudado en la raíz de su "remodelación extrema". Han tenido éxito en su proceso de adaptación, dejando su postura de estudiantes idealistas para convertirse en profesionales emprendedores. Tienen perfecta conciencia del impacto y los beneficios aportados por afectar ser estadounidenses antes que chinos, ya se trate de cuestiones de negocios o de la vida en general.

Recuerdo a alguien que conocí, una ejecutiva de negocios sumamente "norteamericanizada" y una neoyorquina descarada, vestida a la moda, que tomaba religiosamente sus clases de gimnasia. Según su propio relato, había vivido en los Estados Unidos durante una década. Ensalzaba las virtudes del individualismo con fanático entusiasmo, como si fuera la primera china que verdaderamente hubiese comprendido su esencia, y atribuía su transformación, en gran medida, a la influencia de la cultura pop estadounidense. Sin embargo, mirada desde más cerca, su marca de "individualismo" se reduce a un fin incompetente puesto a su exclusivo servicio por medio de un oportunismo que hace que el remanido matrimonio por conveniencia parezca pequeño.

Esta persona se dedica a los casamientos o relaciones seriales, siempre que los hombres con los que tiene sexo puedan promover lo que a ella le interesa en el momento, desde el medio para obtener su *green card* hasta soporte financiero de modo de evitarle tener que afanarse como el hombre que se encuentra en el extremo inferior del poste del tótem.

Detrás de este "individualismo" distorsionado se esconde un instinto de supervivencia sumado a tendencias paranoides que, a decir de Ian Buruma, constituyen el legado de China[84]. En realidad, en un poco frecuente rapto de sinceridad, mi conocida confesó que sentía la "chinesidad" en la sangre. Lo dijo sin pizca de ironía. Si bien es incapaz de articular conceptos tales como el de "chinesidad", se mostró dispuesta a admitir que no perseguía "carismas ni intelectos" y que no le interesaba en absoluto lograr aprehender la esencia del Iluminismo. Sospecho que, igual que otras del mismo grupo, esta persona escapó de China replegándose sobre sí misma —de ahí su preocupación por realizar lo que convenía a sus propios motivos, tal como otros inmigrantes chinos se vuelcan a la religión, según lo documenta sagazmente Buruma en *Bad Elements*. Se trata de la búsqueda de la libertad individual, y también de una silenciosa señal desesperada por la pérdida de la identidad.

Estos personajes no son muy diferentes de los que describe Milan Kundera, el novelista checo-francés, en su obra *La insoportable levedad del ser*. Aquí también la promiscuidad sexual constituye la última arma en la lucha por la libertad. Tomas, el cirujano, y Sabina, la pintora, se sirven del sexo como momentos de alivio temporario que les ofrezca una tregua en su alienamiento de la vida. Las complejas meditaciones de Kundera sobre la identidad y las libertades personales poseen una profunda sutileza, y son intensamente directas. Sus comentarios acerca de la represión checoslovaca bajo el control soviético se aplican perfectamente a la actual comunidad china en los Estados Unidos, tal como en 1948, cuando la novela se publicó por primera vez, se aplicaban a Europa Oriental.

Kundera a menudo critica la vacuidad de la vida moderna. Al igual que sus personajes de ficción, muchos profesionales chinos que residen en los Estados Unidos encuentran aburridos sus muy bien pagados empleos. Muchos no escogen su profesión movidos por la pasión u otras inspiraciones, sino con base en la oportunidad, acuciada por el instinto de supervivencia. El número desproporcionado de programadores chinos que atesta Wall Street da clara prueba de lo que sostengo. A causa de la sobreoferta de empleos técnicos, muchos estudiantes chinos, que se dedicaban a las matemáticas, la química e inclusive la literatura, se cambiaron a ciencias de la computación. Sin embargo, el autoinfligido cambio de rumbo ha resultado perjudicial para algunos, que lo manifiestan a través del estrés, la angustia, e inclusive la depresión.

La contienda no se limita al campo profesional; en la lucha contra la alienación cultural, la vida personal también es víctima. Si bien no se dispone de estadísticas oficiales, la evidencia anecdótica indica la existencia de elevadas tasas de divorcio entre profesionales chinos, particularmente entre aquellos que se casaron en China antes de emprender la peregrinación a Occidente. Algunos también cultivan falsas amistades, es decir, amistades sentadas sobre el oportunismo. Cuando pedí a los círculos profesionales chinos algunas reflexiones sobre el tema, no faltó quien desgranara la historia de sus desgracias: brevemente, su "amiga", una china educada por los cánones norteamericanos, traicionó su confianza despiadadamente sólo porque estaba paranoica y exageró cuando ella, buscando información, le hizo una pregunta bienintencionada. La otra lo tomó como una amenaza a los intereses comerciales de quien era su pareja en ese entonces. Resulta triste, para no decir trágico, que alguien ataque preventivamente a un amigo por si acaso llegara a haber malas intenciones de su parte. En el caso que nos ocupa, las consecuencias fueron calamitosas: quien narró la historia sintió que su base moral se sacudía, puesto que ella había tratado a la otra con caridad, dignidad y respeto. El colmo de la ironía reside en que "honestidad y lealtad" eran, dicho por la traidora misma, las cualidades que más valoraba.

La caída de la máscara de la amistad se tradujo en un llamado a la claridad moral, un bautismo de fuego para alguien que no contaba con edad suficiente para ver a través de la hipocresía y compartir la humillación. El triunfo devastador del oportunismo sobre la conciencia inspiró la consideración en particular de los conceptos de amistad, amor y compasión y, en general, el sentido de la vida y de la identidad. La anécdota asimismo ayuda a contextualizar las críticas que se le hacen a Zhang: para quienes no regresaron, el proceso sinfín de la asimilación se ha convertido en algo tan complicado y difícil que, en ocasiones, la transformación parece demasiado dirigida a motivos egoístas, según lo señalara Peter Holmes en una entrevista reciente.

No obstante, pregúnteselo a alguien nacido en China, y lo más probable será que, a modo de respuesta, le reciten la famosa frase de Napoleón, aquella de "Cuando China despierte, asombrará al mundo". En noviembre de 2005, *The Economist* observa que China juega un importante papel dentro del temor a la globalización expresado por el público estadounidense. "Según una encuesta Harris reciente, cuatro de cada diez estadounidenses creen que China será más poderosa que los Estados Unidos dentro de una década", aunque la economía china representa menos de un quinto de la economía estadounidense, a la tasa de cambio del momento. Y muchos estadounidenses suponen que el gigante asiático "tendrá un efecto negativo sobre el futuro de la economía estadounidense".

Queda claro que a Zhang y sus contemporáneos no se les ha pasado por alto la mayoría de edad de China. En estos días, con la atención mediática puesta en China como la próxima gran superpotencia, Zhang dice que Beijing se ha convertido en la Meca de los superdotados internacionales. "Rara vez viajo a visitar viejos amigos, ya que todos vienen acá por negocios"[85]. En una entrevista concedida al *Telegraphy Magazine* en 2005, Zhang declaró que, mientras que para muchos occidentales el comunismo sigue siendo un albatros, el gobierno chino prácticamente no interfiere en su vida ni en sus negocios. "Lo esencial es que al gobierno en realidad no le importa cuánto dinero gane la gente como yo ni lo que hagamos con él siempre que la economía se mantenga sana".

Al igual que muchos de sus contemporáneos, Zhang Xin se encuentra profundamente consciente de la distancia que aún le queda por recorrer a China. Reflexionando acerca de su regreso a Beijing en 1995, declaró no hace mucho haber sentido que se trataba de un momento extraordinario en la historia de su país, y que se ofrecía la oportunidad real de participar en el grandioso proceso de modernización —sobre todo, "Yo quería ser parte de él". Estas pocas palabras capturan la esencia del regreso a China de Zhang Xin.

En el contexto global, el regreso de Zhang a China refleja el fenómeno de "triple convergencia" tan alabado por Thomas Friedman en su "provocativa narración de los desafíos y oportunidades que nos presenta la globalización", según fuera proclamado por el *Financial Times* en ocasión de anunciar que *The World Is Flat* se había hecho acreedor al premio inaugural del concurso Premio al Libro de Negocios del Año, concertado por el *Financial Times* y Goldman Sachs. Lo que dice Friedman acerca de "nuevos jugadores en un nuevo campo, desarrollando nuevos hábitos y procesos para la colaboración horizontal" se aplica muy bien a la historia del singular éxito de Zhang. Se trata tanto de su regreso a China como de la transformación de China en un jugador influyente en nuestro mercado global o, apelando al lenguaje de Friedman, en nuestro mundo aplanado.

Si en 1995 Zhang se encontraba más que preparada para poner a prueba sus habilidades en el caos frenético de la nueva China, hoy, con la mirada puesta en el futuro de la jungla urbana china, planea continuar con su rol pionero en la industria inmobiliaria, introduciendo arquitectura de punta toda vez que ello sea posible. "Es lo que se espera de nosotros", dice Zhang, "y es lo que nosotros esperamos de nosotros mismos[86]. Es precisamente lo que Zhang espera de sí misma, con su inmenso empuje y ambición, lo que ha impulsado su camino desde China a Inglaterra, luego a Wall Street, y de regreso a la patria amada.

Acerca de la autora

Ingrid Li es consultora de negocios y escritora con sede en Nueva York. Luego de desempeñarse como banquera de inversiones en JPMorgan Chase, pasó a trabajar para Reuters y prestó asesoramiento sobre estrategia de marcas y desarrollo de negocios en medios digitales. Ingrid obtuvo su MBA de la Facultad de Negocios Said de la Universidad de Oxford en Inglaterra, donde fue miembro de Pembroke College. Preside la Asociación de Ex alumnos de Negocios de Oxford (OBA) en Nueva York y dirige la publicación informativa *OBA NY.* Es también colaboradora de Oxford SBS News y de *The Pembrokian.*

Notas

1 *Business Week,* julio 12, 2004.

2 *US News and World Report,* editorial principal, julio 12, 1999.

3 *The Economist,* julio de 2005.

4 *Fortune,* octubre 9, 2004.

5 *Financial Times Asia,* marzo 22, 2004.

6 *The New Yorker,* julio de 2005.

7 *The Economist,* abril 6, 2000.

8 http://www.boxun.com/hero/dangshi/21_1.shtml

9 Hong Kong devuelve la soberanía a China el 1º de julio de 1997.

10 *The Economist,* Historia de Hong Kong.

11 Entrevista con *Sussex Alum News.*

12 Ibid.

13 Los Rockers son unos muchachos rudos, que visten camperas de cuero, botas negras, se trasladan en motos y escuchan preferentemente rock & roll estadounidense clásico, mientras que los Mods son grupos que usan ropas llamativas, se desplazan en motonetas, y escuchan soul estadounidense y pop-rock británico. La rivalidad entre ambos grupos en la Brighton de los sesenta llevó música de The Who en el clásico film *Quadrophenia.*

14 Ibid.

15 Ibid.

16 http://info.anu.edu.au/mac/Newsletters_and_Journals/ANU_Reporter/_pdf/vol_29_no_05/obituary.html

17 http://www.heritage.org/Research/PoliticalPhilosophy/HL650.cfm

18 Término inventado en 1989 por John Williamson, del Institute for International Economics.

19 Alfred Marshall, *Principles of Economics* (New York: Macmillan, 1948; primera edición publicada en 1890), 544.

20 Buruma, Ian. *Bad Elements* (City: Random House, 2001), pág. 59.

21 Philip Ziegler, quien tituló su elegante relato sobre el banco *The Sixth Great Power: A History o f One of the Greatest Banking Families, The House of Barings, 1762-1929.*

22 Ibid.

23 http://www.nyse.com/about/1088808971270.html (Agosto 30, 2005)

24 Después de fusiones, el banco, ahora llamado JP Morgan Chase, se encuentra en el 270 de Park Avenue, en el centro de Manhattan.

25 http://www.ny.frb.org/aboutthefed/visiting.html

26 http://www.greatgridlock.net/NYC/nyc4.html#81

27 Marvin Trachtenberg e Isabelle Hyman. *Architecture: From Prehistory to Post-Modernism.* (City: Prentice Hall, 2002) pág. 545.

28 *New York* Magazine: http://newyorkmetro.com/nymetro/arts/architecture/reviews/n_9924/

29 SOM: http://freedomtower.som/com/siteWrapper_content.html

30 The Amherst Students Online: http://halogen.note.amherst.edu/-astudent/2003-2004/issue05/arts/01.html

31 *Financial Times,* enero 23, 2006.

32 *World Development Report*, 2000.

33 A partir de 1998, Travelers Group se fusionó con Citicorp, y juntas formaron Citigroup. El famoso logo de Travelers, con su paraguas rojo, perduró, y hoy adorna las torres de las oficinas de Citigroup.

34 Zhang, *The Impact of Housing Privatization in China. Environment and Planning B: Planning and Design*, 1999, vol. 26, págs. 593 a 604.

35 http://www.oycf.org/Perspectives/7_083100/china.htm

36 http://us.tom.com/english/161.htm

37 Yasheng Huang, *Harvard Business School Case 9-703-011.*

38 Ibid.

39 http://www.china-window.com/china_market/china_real_estate/china-real-estate-market--4.shtml

40 http://arts.guardian.co.uk/gallery/0,,1444145,00.html

41 Ibid.

42 *Telegraph Magazine*, febrero 16, 2005.

43 Ibid.

44 http://www.time.com/time/asia/features/china_cul_rev/developer.html

45 Ibid.

46 *Financial Times Asia*, marzo 22, 2004.

47 *Office Magazine*, 29/5/02.

48 http://www.commune.com.cn/english/_asp/articles_temp.asp?id=10000212

49 Ibid.

50 *Space*, julio 15, 2005.

51 Ibid.

52 *Departures*, mayo-junio de 2004.

53 Ibid.

54 *International Herald Tribune*, noviembre 19, 2004.

55 Ibid.

56 Ibid.

57 *London Times*, agosto 31, 2005.

58 Ibid.

59 SOHO New Town Files, Pan Shiyi Ed. (2000).

60 Ibid.

61 Catálogo de la Gran Inauguración de Jianwai SOHO.

62 www.sohochina.com

63 *SOHO Xiaobao*, publicado por SOHO China, abril de 2004.

64 Ibid.

65 *Business Week*, diciembre 23, 2005.

66 *New York Times*, abril 11, 2004.

67 Zweig, David y Stanley Rosen, mayo 22, 2003. <SciDev.net>

68 *Time Asia*, noviembre de 2002.

69 *Washington Post*, octubre 16, 2000.

70 Ibid.

71 *The New York Times*, junio 1, 2002.

72 *Reuters News*, abril 21, 2003.

73 *New York Times*, julio 20, 2005.

74 *The Economist*, enero 12, 2006.

75 *The Economist,* agosto 23, 2003.

76 Ibid.

77 Ibid.

78 Ibid.

79 *China Daily*, septiembre 27, 2005.

80 Ibid.

81 *Business Week,* enero 4, 2006.

82 *Hewitt 2003 China Expatriate and Returnee Compensation Benefits Survey*

83 <cctv.com> julio 19, 2005 http://english.cctv.com/english/special/C14360/20050719/101219.shtml

84 Buruma, Ian, *Bad Elements,* (City: Random House, 2001), pág. 19

85 Ibid.

86 Ibid.

www.ingramcontent.com/pod-product-compliance
Ingram Content Group UK Ltd.
Pitfield, Milton Keynes, MK11 3LW, UK
UKHW041823200726
13854UKWH00002BA/517